GRANDES RECORDS

El hombre y sus descubrimientos

LIBSA

© 2000, Editorial LIBSA
C/ San Rafael, 4
28108 Alcobendas (Madrid)
Tel.: (34) 91 657 25 80
Fax: (34) 91 657 25 83
e-mail: libsa@libsa.es

Traducción: José Luis Tamayo/Inés Martín

© Orpheus Books Ltd.

Título original: *The big book of record breakers*

ISBN: 84-7630-808-6
Depósito Legal: M-25395-00

Derechos exclusivos de edición para todos
los países de habla española.

Impreso en España / *Printed in Spain*

CRÉDITOS FOTOGRÁFICOS
26, 27, 28, Royal Geographic Society; 31, Popperfoto Ltd; 34,
Science Photo Library; Harru Ransom Humanities Research Center,
Universidad de Tejas (Austin), Société Française de Photographie;
35, Gilman Paper Company Collection, Nueva York, Science Museum,
Royal Photographic Society; 51, 70, THRUST SSC, foto oficial;
57, Hulton-Deutsch Collection.

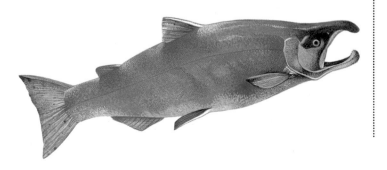

CONTENIDO

PUEBLOS Y LUGARES

MÁQUINAS E INVENTOS

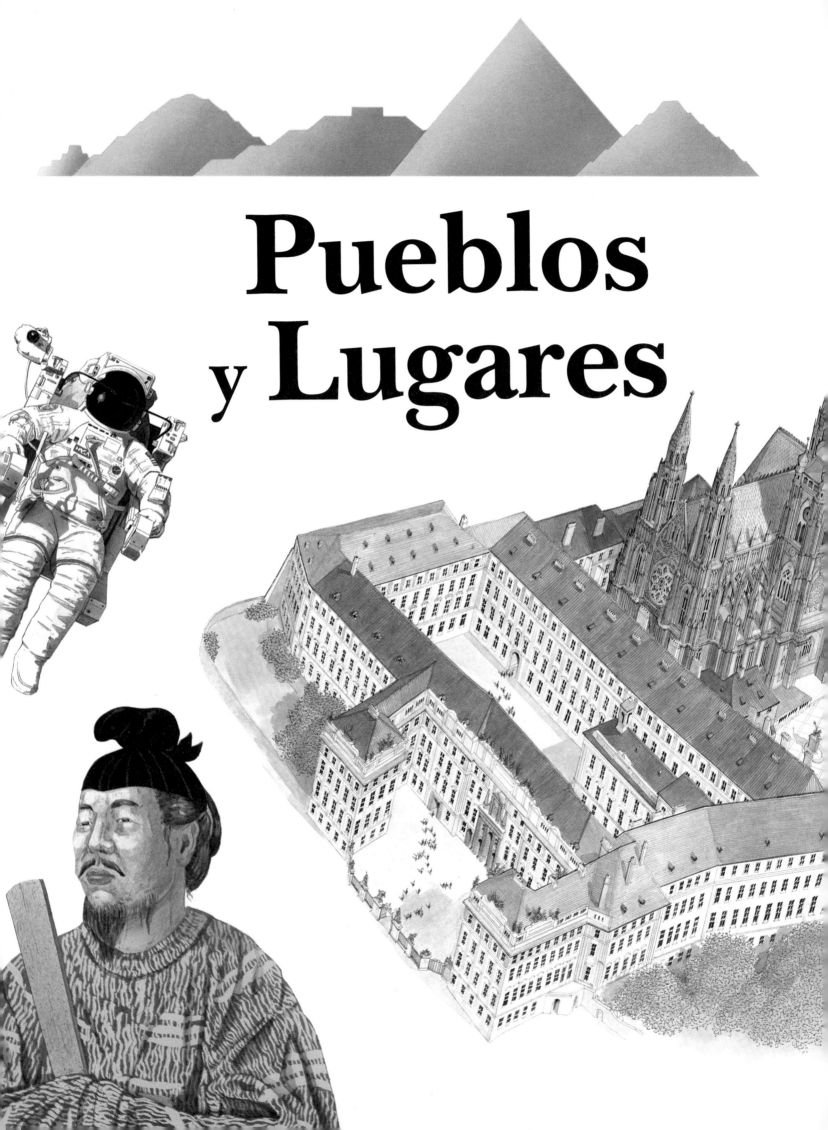

Pueblos y Lugares

INTRODUCCIÓN

LA PRIMERA CIUDAD, la monarquía más antigua, la torre más alta, el puente más largo, las pinturas más antiguas... la primera persona que dio la vuelta al mundo o que llegó al Polo Norte o que escaló el Everest o que caminó por el espacio: aquí están los records batidos por la raza humana, desde la Edad de Piedra a la Era Espacial.

Aquí se pueden leer cómo se culminaron empresas asombrosas: escultores que convirtieron una montaña en una galería de retratos, reyes cuyas tumbas eran diez veces más grandes que una catedral, un pobre pastor que llegó a gobernar medio mundo.

Cuando Roald Amundsen, conduciendo su trineo tirado por perros llegó al Polo Sur, sabía muy bien que era la primera persona que hacía ese viaje increíble. ¡Ése era justamente el motivo para hacerlo! Pero los millones de campesinos, que subieron piedras por las laderas de las montañas para construir la Gran Muralla china, no sabían que estaban participando en la mayor construcción del mundo. Algunas de esas marcas se planearon. Otras ocurrieron por casualidad. Pero, de una u otra forma, todas demuestran las cosas asombrosas que es capaz de hacer el ser humano.

RECORDS DEL MUNDO
LOS PRIMEROS Y MÁS DESTACADOS DE CADA CONTINENTE

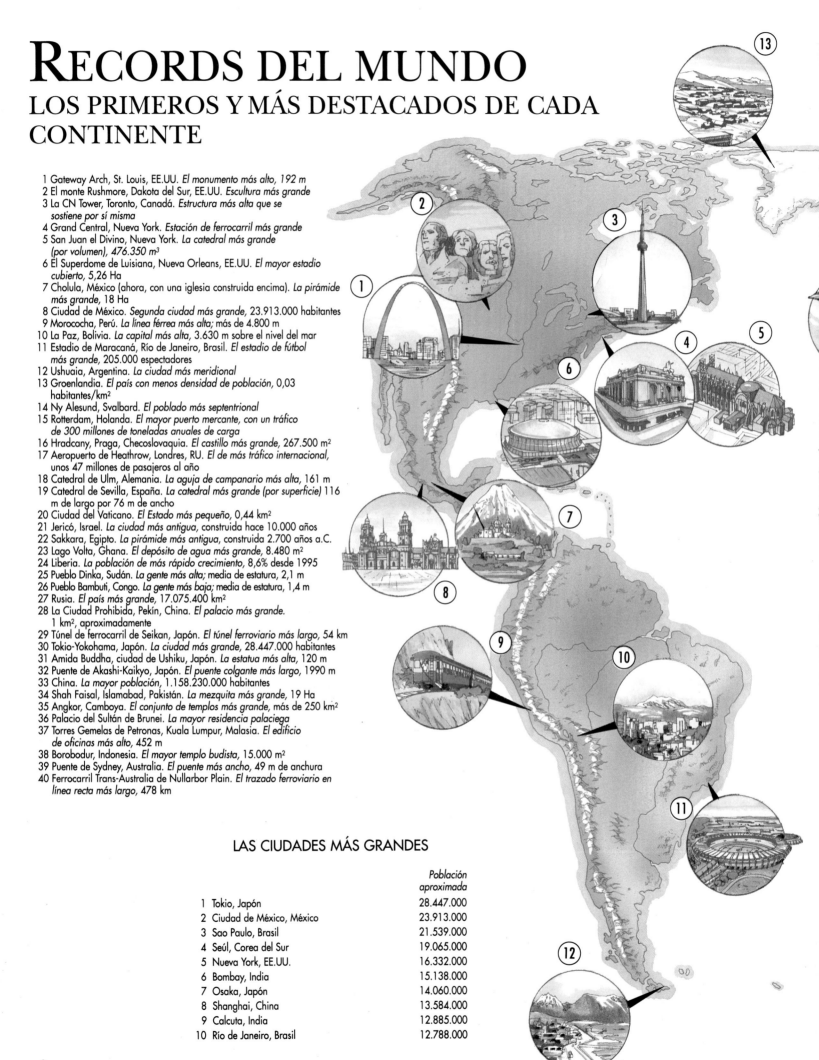

1 Gateway Arch, St. Louis, EE.UU. *El monumento más alto, 192 m*
2 El monte Rushmore, Dakota del Sur, EE.UU. *Escultura más grande*
3 La CN Tower, Toronto, Canadá. *Estructura más alta que se sostiene por sí misma*
4 Grand Central, Nueva York. *Estación de ferrocarril más grande*
5 San Juan el Divino, Nueva York. *La catedral más grande (por volumen), 476.350 m³*
6 El Superdome de Luisiana, Nueva Orleans, EE.UU. *El mayor estadio cubierto, 5,26 Ha*
7 Cholula, México (ahora, con una iglesia construida encima). *La pirámide más grande, 18 Ha*
8 Ciudad de México. *Segunda ciudad más grande, 23.913.000 habitantes*
9 Morococha, Perú. *La línea férrea más alta; más de 4.800 m*
10 La Paz, Bolivia. *La capital más alta, 3.630 m sobre el nivel del mar*
11 Estadio de Maracaná, Río de Janeiro, Brasil. *El estadio de fútbol más grande, 205.000 espectadores*
12 Ushuaia, Argentina. *La ciudad más meridional*
13 Groenlandia. *El país con menos densidad de población, 0,03 habitantes/km²*
14 Ny Alesund, Svalbard. *El poblado más septentrional*
15 Rotterdam, Holanda. *El mayor puerto mercante, con un tráfico de 300 millones de toneladas anuales de carga*
16 Hradcany, Praga, Checoslovaquia. *El castillo más grande, 267.500 m²*
17 Aeropuerto de Heathrow, Londres, RU. *El de más tráfico internacional, unos 47 millones de pasajeros al año*
18 Catedral de Ulm, Alemania. *La aguja de campanario más alta, 161 m*
19 Catedral de Sevilla, España. *La catedral más grande (por superficie) 116 m de largo por 76 m de ancho*
20 Ciudad del Vaticano. *El Estado más pequeño, 0,44 km²*
21 Jericó, Israel. *La ciudad más antigua, construida hace 10.000 años*
22 Sakkara, Egipto. *La pirámide más antigua, construida 2.700 años a.C.*
23 Lago Volta, Ghana. *El depósito de agua más grande, 8.480 m²*
24 Liberia. *La población de más rápido crecimiento, 8,6% desde 1995*
25 Pueblo Dinka, Sudán. *La gente más alta; media de estatura, 2,1 m*
26 Pueblo Bambuti, Congo. *La gente más baja; media de estatura, 1,4 m*
27 Rusia. *El país más grande, 17.075.400 km²*
28 La Ciudad Prohibida, Pekín, China. *El palacio más grande. 1 km², aproximadamente*
29 Túnel de ferrocarril de Seikan, Japón. *El túnel ferroviario más largo, 54 km*
30 Tokio-Yokohama, Japón. *La ciudad más grande, 28.447.000 habitantes*
31 Amida Buddha, ciudad de Ushiku, Japón. *La estatua más alta, 120 m*
32 Puente de Akashi-Kaikyo, Japón. *El puente colgante más largo, 1990 m*
33 China. *La mayor población, 1.158.230.000 habitantes*
34 Shah Faisal, Islamabad, Pakistán. *La mezquita más grande, 19 Ha*
35 Angkor, Camboya. *El conjunto de templos más grande, más de 250 km²*
36 Palacio del Sultán de Brunei. *La mayor residencia palaciega*
37 Torres Gemelas de Petronas, Kuala Lumpur, Malasia. *El edificio de oficinas más alto, 452 m*
38 Borobudur, Indonesia. *El mayor templo budista, 15.000 m²*
39 Puente de Sydney, Australia. *El puente más ancho, 49 m de anchura*
40 Ferrocarril Trans-Australia de Nullarbor Plain. *El trazado ferroviario en línea recta más largo, 478 km*

LAS CIUDADES MÁS GRANDES

		Población aproximada
1	Tokio, Japón	28.447.000
2	Ciudad de México, México	23.913.000
3	Sao Paulo, Brasil	21.539.000
4	Seúl, Corea del Sur	19.065.000
5	Nueva York, EE.UU.	16.332.000
6	Bombay, India	15.138.000
7	Osaka, Japón	14.060.000
8	Shanghai, China	13.584.000
9	Calcuta, India	12.885.000
10	Río de Janeiro, Brasil	12.788.000

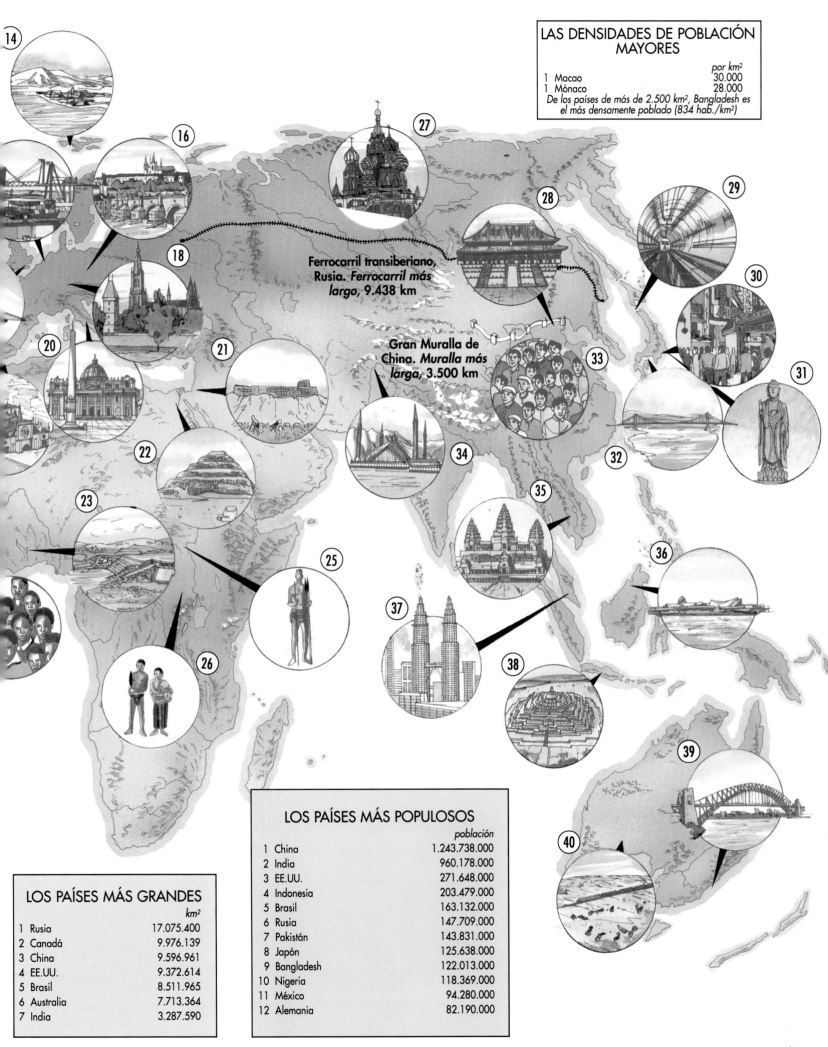

Ferrocarril transiberiano, Rusia. *Ferrocarril más largo, 9.438 km*

Gran Muralla de China. *Muralla más larga, 3.500 km*

LOS PAÍSES MÁS POPULOSOS

		población
1	China	1.243.738.000
2	India	960.178.000
3	EE.UU.	271.648.000
4	Indonesia	203.479.000
5	Brasil	163.132.000
6	Rusia	147.709.000
7	Pakistán	143.831.000
8	Japón	125.638.000
9	Bangladesh	122.013.000
10	Nigeria	118.369.000
11	México	94.280.000
12	Alemania	82.190.000

LOS PAÍSES MÁS GRANDES

		km²
1	Rusia	17.075.400
2	Canadá	9.976.139
3	China	9.596.961
4	EE.UU.	9.372.614
5	Brasil	8.511.965
6	Australia	7.713.364
7	India	3.287.590

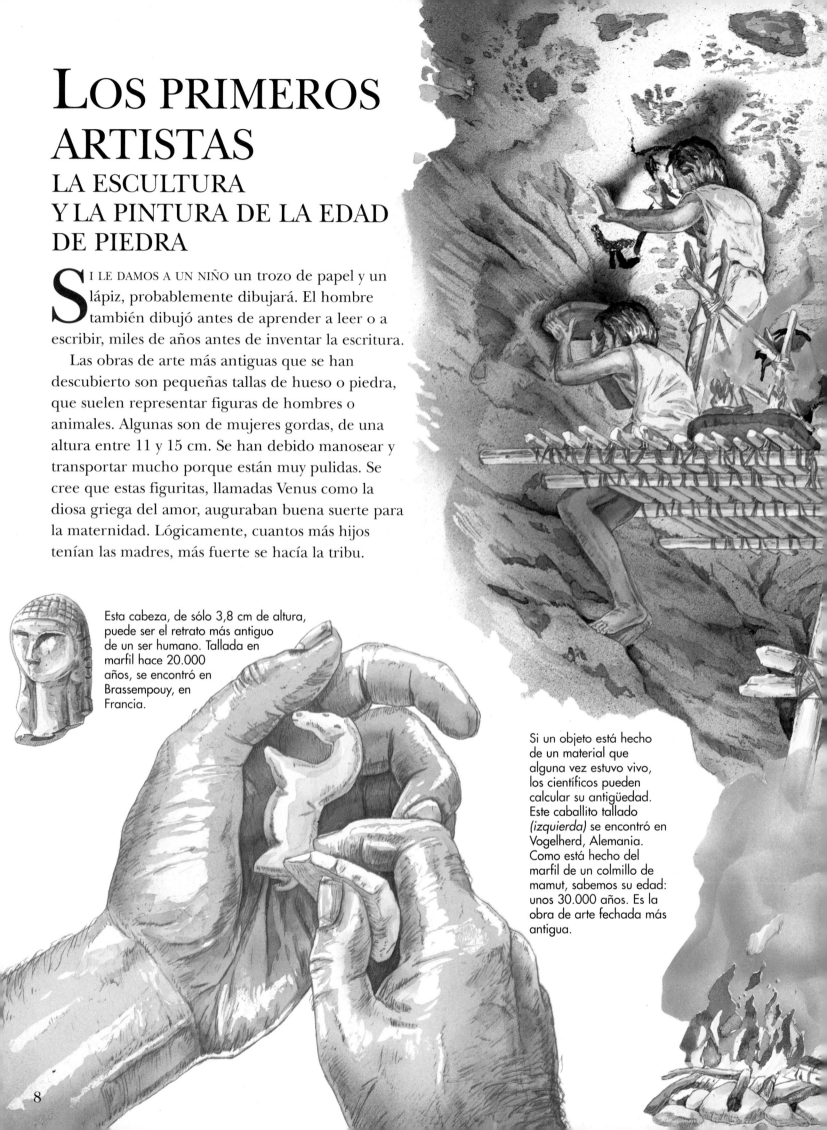

LOS PRIMEROS ARTISTAS
LA ESCULTURA Y LA PINTURA DE LA EDAD DE PIEDRA

S I LE DAMOS A UN NIÑO un trozo de papel y un lápiz, probablemente dibujará. El hombre también dibujó antes de aprender a leer o a escribir, miles de años antes de inventar la escritura.

Las obras de arte más antiguas que se han descubierto son pequeñas tallas de hueso o piedra, que suelen representar figuras de hombres o animales. Algunas son de mujeres gordas, de una altura entre 11 y 15 cm. Se han debido manosear y transportar mucho porque están muy pulidas. Se cree que estas figuritas, llamadas Venus como la diosa griega del amor, auguraban buena suerte para la maternidad. Lógicamente, cuantos más hijos tenían las madres, más fuerte se hacía la tribu.

Esta cabeza, de sólo 3,8 cm de altura, puede ser el retrato más antiguo de un ser humano. Tallada en marfil hace 20.000 años, se encontró en Brassempouy, en Francia.

Si un objeto está hecho de un material que alguna vez estuvo vivo, los científicos pueden calcular su antigüedad. Este caballito tallado (izquierda) se encontró en Vogelherd, Alemania. Como está hecho del marfil de un colmillo de mamut, sabemos su edad: unos 30.000 años. Es la obra de arte fechada más antigua.

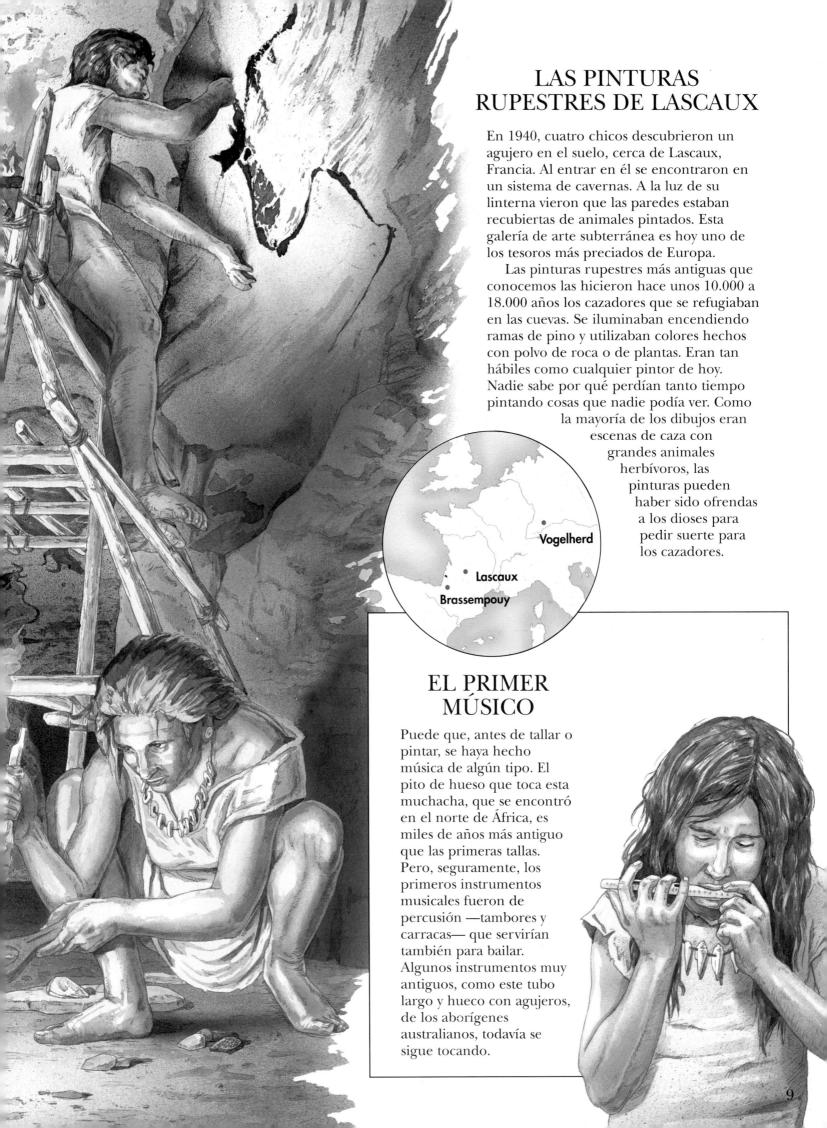

LAS PINTURAS RUPESTRES DE LASCAUX

En 1940, cuatro chicos descubrieron un agujero en el suelo, cerca de Lascaux, Francia. Al entrar en él se encontraron en un sistema de cavernas. A la luz de su linterna vieron que las paredes estaban recubiertas de animales pintados. Esta galería de arte subterránea es hoy uno de los tesoros más preciados de Europa.

Las pinturas rupestres más antiguas que conocemos las hicieron hace unos 10.000 a 18.000 años los cazadores que se refugiaban en las cuevas. Se iluminaban encendiendo ramas de pino y utilizaban colores hechos con polvo de roca o de plantas. Eran tan hábiles como cualquier pintor de hoy. Nadie sabe por qué perdían tanto tiempo pintando cosas que nadie podía ver. Como la mayoría de los dibujos eran escenas de caza con grandes animales herbívoros, las pinturas pueden haber sido ofrendas a los dioses para pedir suerte para los cazadores.

Vogelherd

Lascaux

Brassempouy

EL PRIMER MÚSICO

Puede que, antes de tallar o pintar, se haya hecho música de algún tipo. El pito de hueso que toca esta muchacha, que se encontró en el norte de África, es miles de años más antiguo que las primeras tallas. Pero, seguramente, los primeros instrumentos musicales fueron de percusión —tambores y carracas— que servirían también para bailar. Algunos instrumentos muy antiguos, como este tubo largo y hueco con agujeros, de los aborígenes australianos, todavía se sigue tocando.

9

La primera escritura

S i no existiera la escritura, no podrían enviarse mensajes, apuntar los records o aprender cosas nuevas, excepto hablando.

La escritura es una forma de reproducir el lenguaje por medio de símbolos y, en algunos idiomas, estos símbolos son las letras del alfabeto. Los millares de palabras de nuestra lengua pueden escribirse con sólo 27 letras, pero mucho antes de que existiera un alfabeto, se usaban otras formas de lenguaje escrito.

El desarrollo de la escritura fue un proceso que duró miles de años. Empezó en la antigua Mesopotamia (donde hoy está Irak, aproximadamente). Las primeras cosas que se escribieron fueron para apuntar las listas de los animales que poseían, utilizando dibujos simples. Una cabeza de vaca, por ejemplo, simbolizaba a ese animal. Juntando dos signos podían formar nuevas palabras: el signo de mujer y el de montañas significaría mujer extranjera (mujer de más allá de las montañas).

ESCRITURA CON DIBUJOS

El escrito más antiguo descubierto hasta hoy, hecho con símbolos pintados —pictogramas— procedía de Ur, una ciudad sumeria de Mesopotamia. Consistía en una relación de mercancías y alimentos para un templo, escritos sobre tablillas de arcilla con un palito o una caña puntiagudos. Las tablas de arcilla *(arriba)* se han conservado muy bien. Todavía podemos leerlas, aunque se escribieron hace 5.300 años.

Escritura cuneiforme con una pluma de caña *(debajo)*

LA ESCRITURA CHINA

Una vieja leyenda china dice que la escritura fue inventada por un emperador que vivió hace 4.000 años, después de estudiar las huellas de los pájaros y otros animales. El escrito chino más antiguo encontrado hasta ahora está hecho sobre hueso y se usaba para predecir el futuro. Los sacerdotes escribían preguntas sobre un hueso y después lo sometían al fuego hasta que el hueso se rajaba. Se suponía que las respuestas de los dioses estaban donde las grietas se cruzaban con lo escrito.

Los chinos no han usado nunca un alfabeto. El lenguaje escrito actual se deriva directamente de los primeros pictogramas. Estos ejemplos nos muestran cómo han evolucionado en unos 3.000 años los símbolos de «hombre» y «pájaro».

Cabeza de toro

Pez

Pictograma

Signo moderno

Hombre

Pájaro

Alrededor del 2900 a.C., la escritura sumeria cambió. Desaparecieron las curvas. Los símbolos se dibujaron con líneas rectas, que eran más fáciles de hacer con una pluma de caña terminada en una punta recortada en triángulo. Esta escritura *(arriba)* se llama cuneiforme, que significa en forma de cuña.

LOS JEROGLÍFICOS DEL ANTIGUO EGIPTO

Unos 3.000 años a.C. se inventó en Egipto una especie de escritura pictórica. Se podían representar tanto ideas como cosas con unos símbolos llamados jeroglíficos (escritura sagrada, *arriba*). Al contrario que con la escritura cuneiforme, con los jeroglíficos se podían escribir poemas, historias y obras de leyes o de medicina. Pero la escritura jeroglífica era muy lenta. Así que los activos egipcios inventaron otra, más rápida de escribir, llamada hierática (*arriba*). Los caracteres o símbolos se basaban en los jeroglíficos, pero de forma simplificada. No era tan bonita... pero sí más práctica.

Los egipcios fueron los primeros en usar el papel. Cortaban tallos de papiro en tiras y las ponían una junto a otra, formando un cuadrado. Encima se ponía otra capa, con las tiras perpendiculares a la primera capa. Después, los fabricantes de papel prensaban la lámina para aplanarla y la pulían para alisarla.

Los primeros en utilizar un alfabeto fueron los cananeos, que vivieron en Palestina hace unos 3.000 años. En vez de tener que aprenderse cientos de diferentes símbolos de palabras, sólo había que usar 20/30 signos (letras), que equivalían a sonidos. Aprender a leer y escribir ya era mucho más fácil. Nuestro propio alfabeto desciende del cananeo, aunque ha cambiado mucho en los últimos 3.000 años.

Cananita	Moderno
	A
	B
	C
	D
	E
	F
	H
	I
	K
	L
	M
	N
	O
	P
	Q
	R
	S
	T

Un joven egipcio aprende a escribir sobre un trozo de cerámica, usando una pluma de caña. Los jeroglíficos se pintaban con un pincel fino. La tinta se hacía mezclando polvos con agua.

11

LOS PRIMEROS DEPORTES
LAS ARTES MARCIALES EN EL ANTIGUO EGIPTO

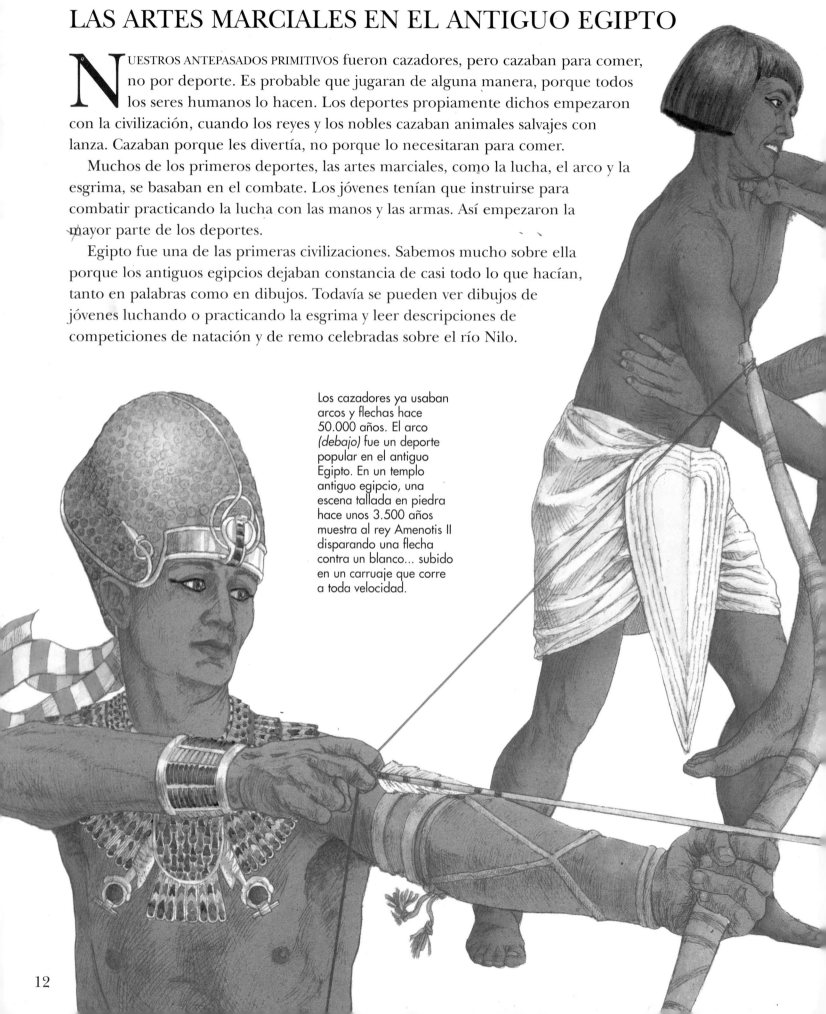

NUESTROS ANTEPASADOS PRIMITIVOS fueron cazadores, pero cazaban para comer, no por deporte. Es probable que jugaran de alguna manera, porque todos los seres humanos lo hacen. Los deportes propiamente dichos empezaron con la civilización, cuando los reyes y los nobles cazaban animales salvajes con lanza. Cazaban porque les divertía, no porque lo necesitaran para comer.

Muchos de los primeros deportes, las artes marciales, como la lucha, el arco y la esgrima, se basaban en el combate. Los jóvenes tenían que instruirse para combatir practicando la lucha con las manos y las armas. Así empezaron la mayor parte de los deportes.

Egipto fue una de las primeras civilizaciones. Sabemos mucho sobre ella porque los antiguos egipcios dejaban constancia de casi todo lo que hacían, tanto en palabras como en dibujos. Todavía se pueden ver dibujos de jóvenes luchando o practicando la esgrima y leer descripciones de competiciones de natación y de remo celebradas sobre el río Nilo.

Los cazadores ya usaban arcos y flechas hace 50.000 años. El arco *(debajo)* fue un deporte popular en el antiguo Egipto. En un templo antiguo egipcio, una escena tallada en piedra hace unos 3.500 años muestra al rey Amenotis II disparando una flecha contra un blanco... subido en un carruaje que corre a toda velocidad.

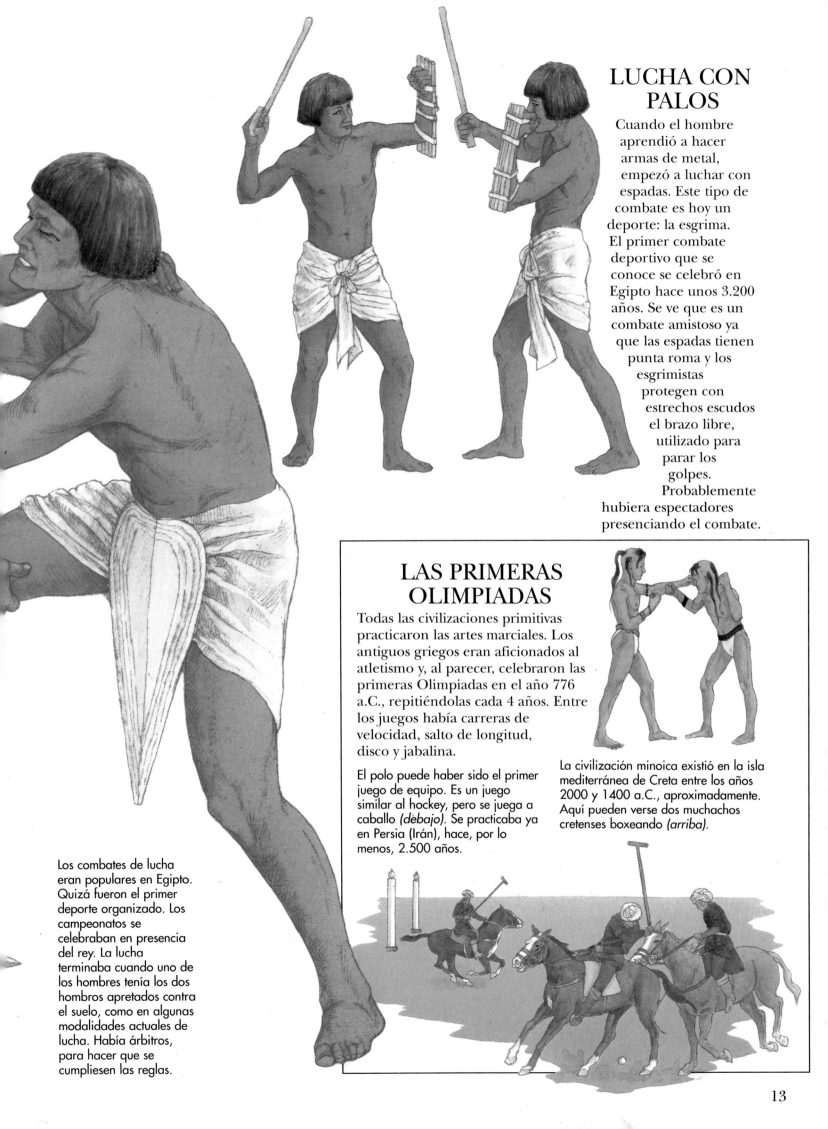

LUCHA CON PALOS

Cuando el hombre aprendió a hacer armas de metal, empezó a luchar con espadas. Este tipo de combate es hoy un deporte: la esgrima. El primer combate deportivo que se conoce se celebró en Egipto hace unos 3.200 años. Se ve que es un combate amistoso ya que las espadas tienen punta roma y los esgrimistas protegen con estrechos escudos el brazo libre, utilizado para parar los golpes. Probablemente hubiera espectadores presenciando el combate.

Los combates de lucha eran populares en Egipto. Quizá fueron el primer deporte organizado. Los campeonatos se celebraban en presencia del rey. La lucha terminaba cuando uno de los hombres tenía los dos hombros apretados contra el suelo, como en algunas modalidades actuales de lucha. Había árbitros, para hacer que se cumpliesen las reglas.

LAS PRIMERAS OLIMPIADAS

Todas las civilizaciones primitivas practicaron las artes marciales. Los antiguos griegos eran aficionados al atletismo y, al parecer, celebraron las primeras Olimpiadas en el año 776 a.C., repitiéndolas cada 4 años. Entre los juegos había carreras de velocidad, salto de longitud, disco y jabalina.

El polo puede haber sido el primer juego de equipo. Es un juego similar al hockey, pero se juega a caballo *(debajo)*. Se practicaba ya en Persia (Irán), hace, por lo menos, 2.500 años.

La civilización minoica existió en la isla mediterránea de Creta entre los años 2000 y 1400 a.C., aproximadamente. Aquí pueden verse dos muchachos cretenses boxeando *(arriba)*.

EL PALACIO MÁS GRANDE

EL INTERIOR DE LA CIUDAD PROHIBIDA

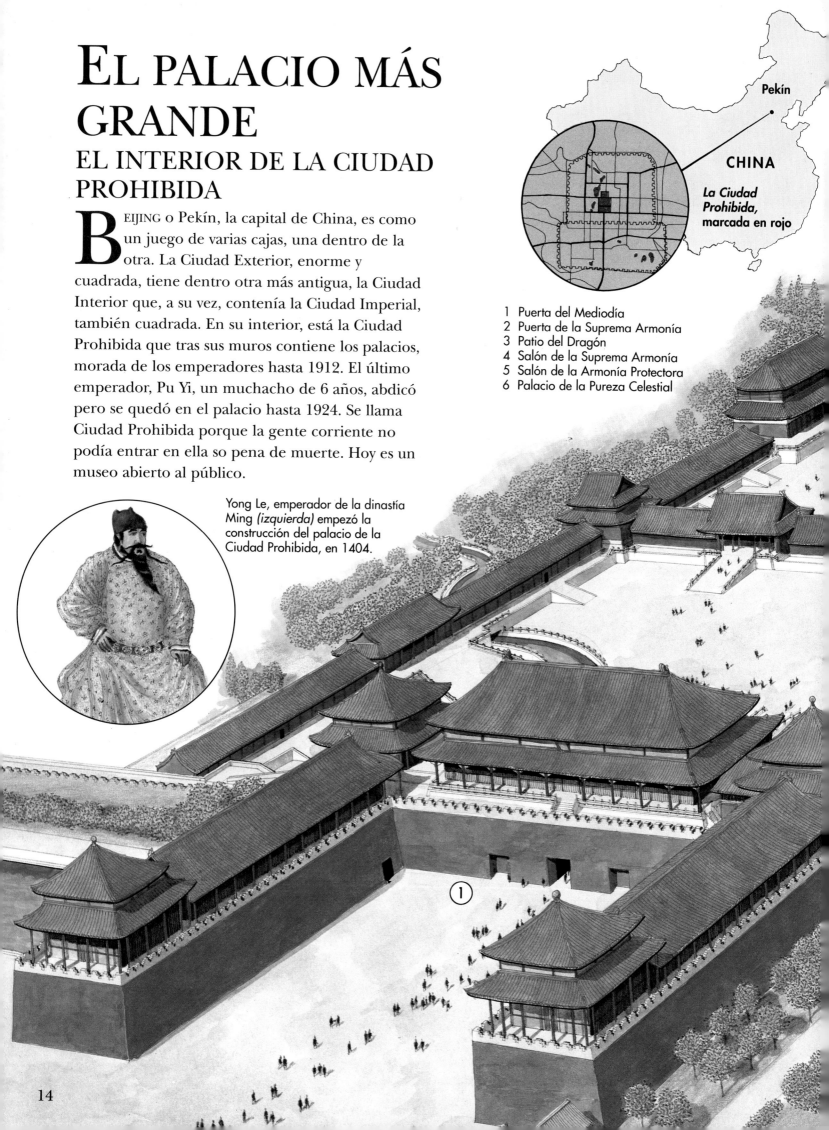

BEIJING o Pekín, la capital de China, es como un juego de varias cajas, una dentro de la otra. La Ciudad Exterior, enorme y cuadrada, tiene dentro otra más antigua, la Ciudad Interior que, a su vez, contenía la Ciudad Imperial, también cuadrada. En su interior, está la Ciudad Prohibida que tras sus muros contiene los palacios, morada de los emperadores hasta 1912. El último emperador, Pu Yi, un muchacho de 6 años, abdicó pero se quedó en el palacio hasta 1924. Se llama Ciudad Prohibida porque la gente corriente no podía entrar en ella so pena de muerte. Hoy es un museo abierto al público.

Pekín

CHINA

La Ciudad Prohibida, marcada en rojo

1 Puerta del Mediodía
2 Puerta de la Suprema Armonía
3 Patio del Dragón
4 Salón de la Suprema Armonía
5 Salón de la Armonía Protectora
6 Palacio de la Pureza Celestial

Yong Le, emperador de la dinastía Ming *(izquierda)* empezó la construcción del palacio de la Ciudad Prohibida, en 1404.

CIUDAD PALACIO

El emperador vivía en la Ciudad Prohibida. Podía pasar revista a sus ejércitos en la Puerta del Mediodía. Al otro lado del canal por otra puerta se entra a un enorme patio y, más allá, está el edificio del palacio principal. El más grande es el Salón de la Suprema Armonía, asentado sobre una plataforma de mármol. En Pekín no se permitía ninguna construcción más alta.

Una atalaya en la Ciudad Prohibida (derecha). En una de las puertas está clavada una flecha de los rebeldes que intentaron tomar la plaza en 1813.

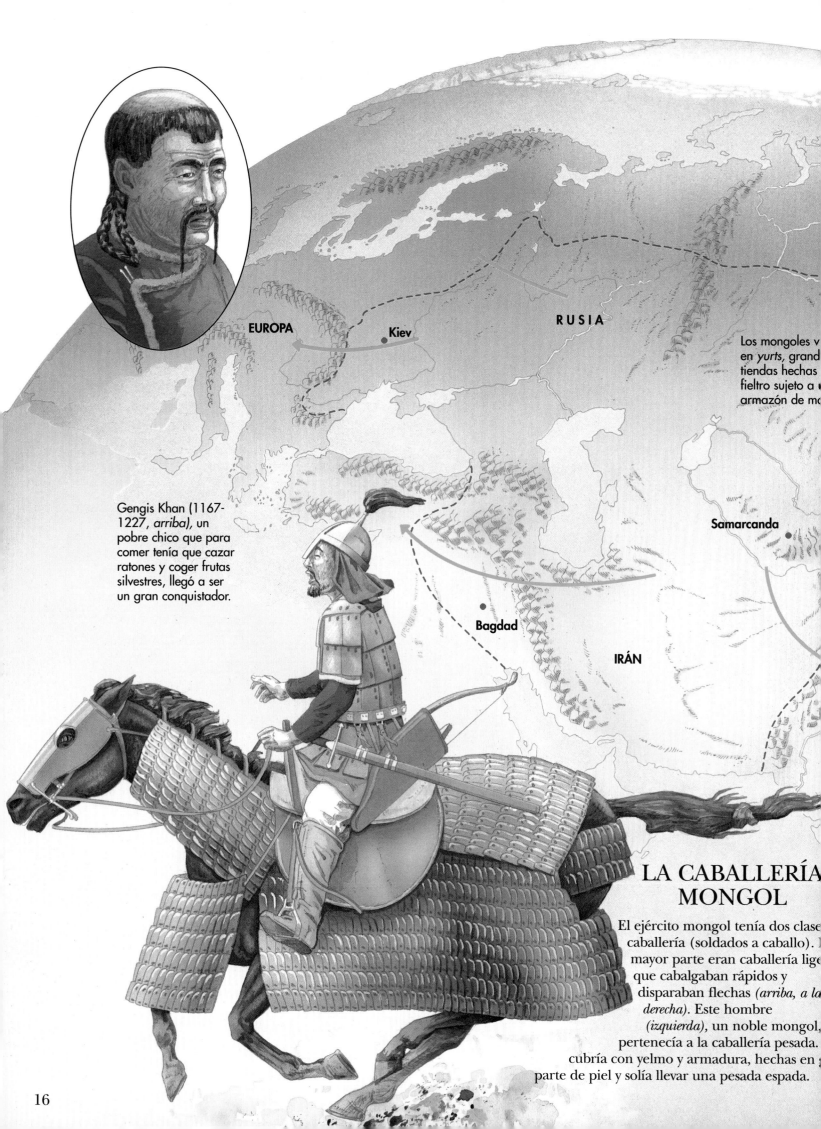

Gengis Khan (1167-1227, *arriba*), un pobre chico que para comer tenía que cazar ratones y coger frutas silvestres, llegó a ser un gran conquistador.

EUROPA

Kiev

RUSIA

Los mongoles v
en *yurts*, grand
tiendas hechas
fieltro sujeto a
armazón de m

Samarcanda

Bagdad

IRÁN

LA CABALLERÍA
MONGOL

El ejército mongol tenía dos clase
caballería (soldados a caballo).
mayor parte eran caballería lige
que cabalgaban rápidos y
disparaban flechas (*arriba, a la
derecha*). Este hombre
(*izquierda*), un noble mongol,
pertenecía a la caballería pesada.
cubría con yelmo y armadura, hechas en
parte de piel y solía llevar una pesada espada.

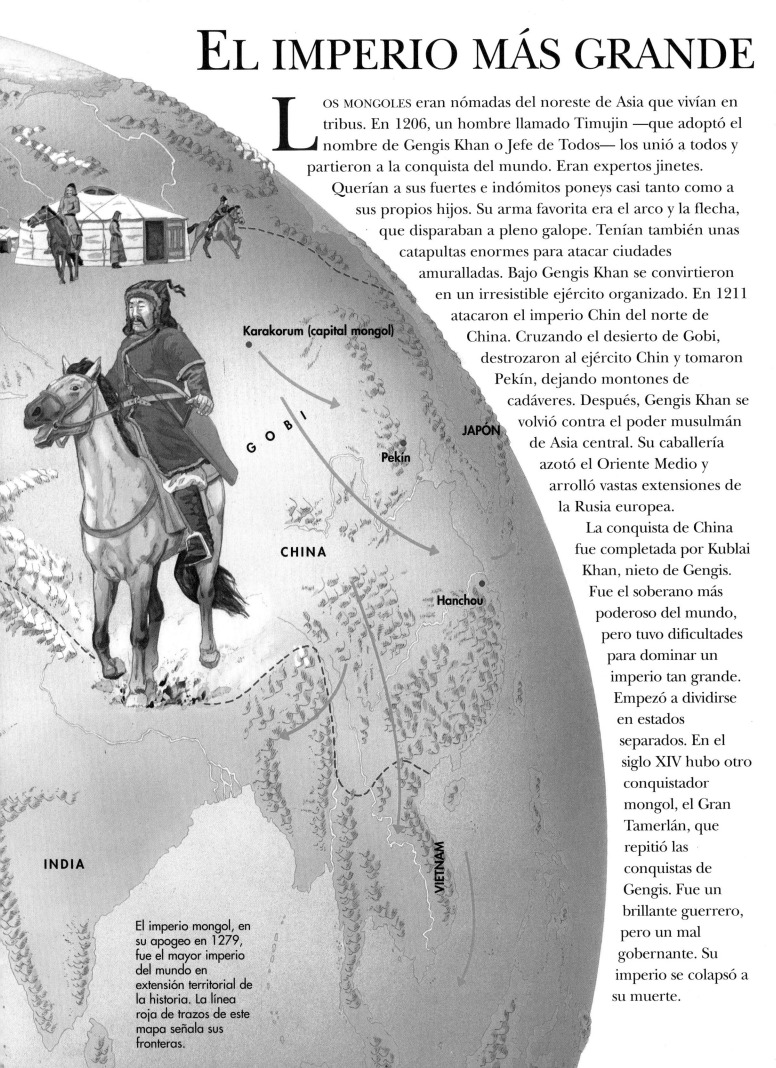

EL IMPERIO MÁS GRANDE

LOS MONGOLES eran nómadas del noreste de Asia que vivían en tribus. En 1206, un hombre llamado Timujin —que adoptó el nombre de Gengis Khan o Jefe de Todos— los unió a todos y partieron a la conquista del mundo. Eran expertos jinetes. Querían a sus fuertes e indómitos poneys casi tanto como a sus propios hijos. Su arma favorita era el arco y la flecha, que disparaban a pleno galope. Tenían también unas catapultas enormes para atacar ciudades amuralladas. Bajo Gengis Khan se convirtieron en un irresistible ejército organizado. En 1211 atacaron el imperio Chin del norte de China. Cruzando el desierto de Gobi, destrozaron al ejército Chin y tomaron Pekín, dejando montones de cadáveres. Después, Gengis Khan se volvió contra el poder musulmán de Asia central. Su caballería azotó el Oriente Medio y arrolló vastas extensiones de la Rusia europea.

La conquista de China fue completada por Kublai Khan, nieto de Gengis. Fue el soberano más poderoso del mundo, pero tuvo dificultades para dominar un imperio tan grande. Empezó a dividirse en estados separados. En el siglo XIV hubo otro conquistador mongol, el Gran Tamerlán, que repitió las conquistas de Gengis. Fue un brillante guerrero, pero un mal gobernante. Su imperio se colapsó a su muerte.

Karakorum (capital mongol)

GOBI

JAPÓN

Pekín

CHINA

Hanchou

INDIA

VIETNAM

El imperio mongol, en su apogeo en 1279, fue el mayor imperio del mundo en extensión territorial de la historia. La línea roja de trazos de este mapa señala sus fronteras.

EL PAÍS MÁS PEQUEÑO
EL ESTADO DE LA CIUDAD DEL VATICANO

LA CIUDAD DEL VATICANO es todo lo que queda de los territorios pertenecientes a los papas hasta 1879, que abarcaban la mayoría del centro de Italia. Por un acuerdo con el gobierno italiano en 1929, el Vaticano se convirtió en un estado soberano, con gobierno propio. Con una superficie de unas 44 Ha (más o menos la octava parte del Central Park de Nueva York), es el país independiente más pequeño del mundo y tiene la menor población del planeta: unos 800 habitantes. Es el centro de la Iglesia Católica Romana, con cerca de 900 millones de fieles y la sede del Papa. Tras sus muros, hay palacios, museos, colegios, tres iglesias y una estación de ferrocarril. Tiene su propio banco, su servicio de correos y su periódico, y emite sus propios sellos y monedas.

El estado de la Ciudad del Vaticano está situado en la orilla oeste del río Tíber, en Roma, la capital de Italia.

ESTADO DE LA CIUDAD DEL VATICANO

Tíber

EUROPA

ITALIA

Roma

EL EJÉRCITO MÁS ANTIGUO

La Guardia Suiza creada en 1506, es el ejército más antiguo del mundo. También es el más pequeño, con 100 soldados. Sus miembros tienen que haber completado su instrucción en el ejército suizo. Han entrado en combate una sola vez: en 1527 defendieron al Papa frente a las fuerzas del emperador Carlos V.

LA IGLESIA MÁS GRANDE

San Pedro se levanta donde estaban los jardines de Nerón, en la antigua Roma. Aquí murieron muchos cristianos y entre ellos el apóstol San Pedro, en torno al año 67 d.C. Sobre su tumba se construyó una iglesia que permaneció durante mil años, hasta que los papas decidieron sustituirla por una nueva. Los mejores arquitectos de la época, como Miguel Ángel, se encargaron de su diseño y construcción, que comenzó en 1507 y finalizó más de 150 años después. Hay otra iglesia nueva, más alta: la Basílica de Nuestra Señora de la Paz, en Costa de Marfil, África, menor que la de San Pedro.

Hoy, en la plaza de San Pedro, semanalmente se reúne una multitud para recibir la bendición que el Papa imparte desde una ventana que da a la plaza.

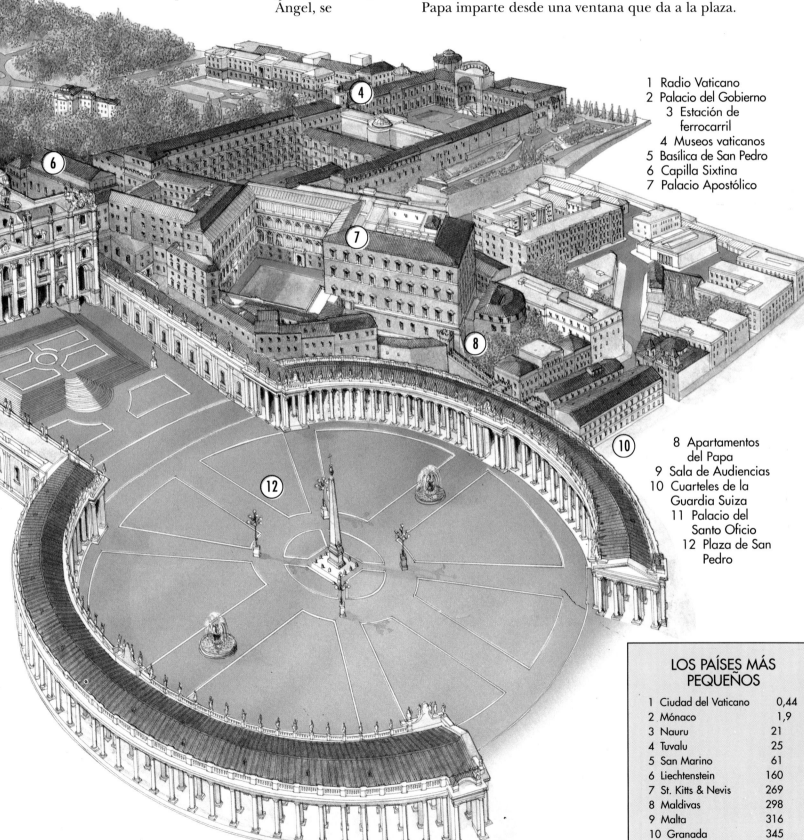

1 Radio Vaticano
2 Palacio del Gobierno
3 Estación de ferrocarril
4 Museos vaticanos
5 Basílica de San Pedro
6 Capilla Sixtina
7 Palacio Apostólico

8 Apartamentos del Papa
9 Sala de Audiencias
10 Cuarteles de la Guardia Suiza
11 Palacio del Santo Oficio
12 Plaza de San Pedro

LOS PAÍSES MÁS PEQUEÑOS

1	Ciudad del Vaticano	0,44
2	Mónaco	1,9
3	Nauru	21
4	Tuvalu	25
5	San Marino	61
6	Liechtenstein	160
7	St. Kitts & Nevis	269
8	Maldivas	298
9	Malta	316
10	Granada	345

cifras en kilómetros cuadrados

19

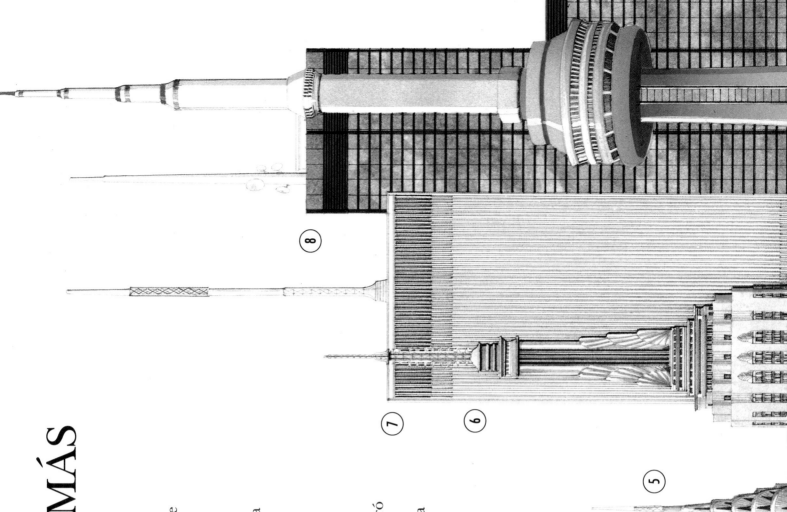

LAS CONSTRUCCIONES MÁS ALTAS DE LA HISTORIA

Durante casi 4.000 años, la Gran pirámide de Gizeh dominó con su altura a cualquier otra construcción del mundo. La única de las sitete maravillas del mundo que ha sobrevivido casi intacta perdió diez metros de altura al caer las piedras que la culminaban.

Este récord no se batió hasta la época de las grandes catedrales de la Europa medieval. En 1311, la torre de la catedral de Lincoln, en Inglaterra, coronada por una aguja de madera recubierta de plomo, superó por fin a la Gran pirámide. Esta aguja fue derribada por una tormenta en 1549 y no se edificó ninguna construcción más alta hasta 1884 con el monumento a Washington, en memoria de George Washington, primer presidente de los EE. UU.

Sólo cinco años más tarde, el récord volvió a Europa. La torre de hierro de Gustav Eiffel, la maravilla de la exposición universal de París de 1889, asombró al mundo. 230 hombres trabajaron dos años para construirla, al ensamblar 18.000 piezas de hierro usando 2.500.000 roblones. Alargada en 1959 por una antena de TV de 20 metros, la torre Eiffel oscila hasta 13 cm con mucho viento. Con el calor, el metal se dilata y la torre crece 18 centímetros más. La llegada de los rascacielos, que fue posible por el invento del ascensor hidráulico, significó que, tarde o temprano, éstos iban a tener el honor de ser los edificios más altos del mundo.

Así ocurrió con el edificio Chrysler, en 1930, para ser superado sólo unos meses más tarde por otro rascacielos neoyorquino, el Empire State Building. La aguja del Empire State, alargada por una antena de TV 20 años más tarde, se proyectó en principio como punto de amarre para dirigibles. Siguió siendo el edificio más alto del mundo hasta 1973, en que se construyeron las torres gemelas del World Trade Center, también en la ciudad de Nueva York. El récord cambió rápidamente de manos dos veces más. Chicago se lo arrebató a Nueva York con su Sears Tower. Luego, en 1976, la CN Tower de Toronto se convirtió en la estructura construida más alta del mundo. Su altura es como la de cinco campos de fútbol y medio, puestos uno a continuación de otro.

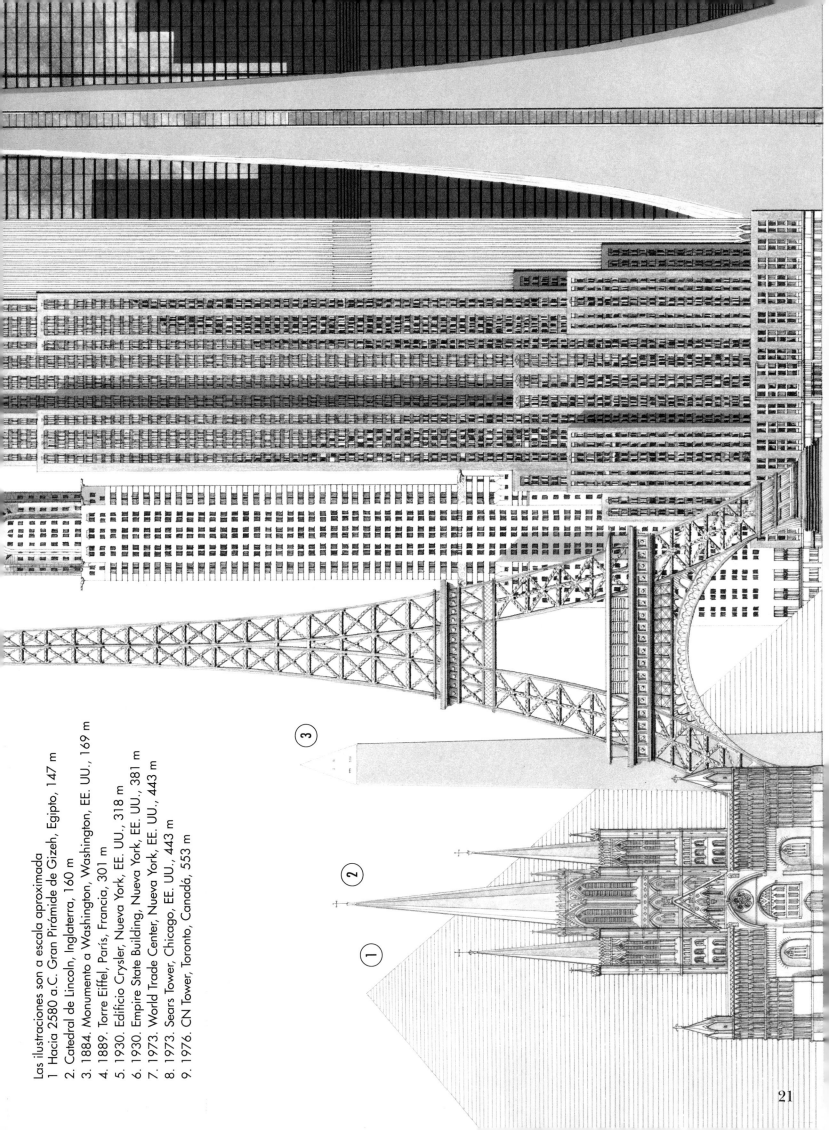

Las ilustraciones son a escala aproximada

1. Hacia 2580 a.C. Gran Pirámide de Gizeh, Egipto, 147 m
2. Catedral de Lincoln, Inglaterra, 160 m
3. 1884. Monumento a Washington, Washington, EE. UU., 169 m
4. 1889. Torre Eiffel, París, Francia, 301 m
5. 1930. Edificio Crysler, Nueva York, EE. UU., 318 m
6. 1930. Empire State Building, Nueva York, EE. UU., 381 m
7. 1973. World Trade Center, Nueva York, EE. UU., 443 m
8. 1973. Sears Tower, Chicago, EE. UU., 443 m
9. 1976. CN Tower, Toronto, Canadá, 553 m

LOS MONUMENTOS MÁS ALTOS
Y LOS CAMPANARIOS MÁS ALTOS

Gateway arch, la Puerta del Arco, es el monumento más alto del mundo. Se levanta a orillas del Mississippi, en la ciudad de San Luis, Missouri, EE.UU. Construido en 1965 en acero inoxidable y con forma de arco iris, tiene 192 metros de altura y es hueco. Sus ascensores suben hasta los miradores, situados en su punto más alto. Esta obra simboliza el papel histórico de San Luis como puerta de entrada al Oeste. A mediados del siglo XIX, caravanas de granjeros cargados con todas sus posesiones se dirigían en carretas desde San Luis a Oregón y California, buscando una vida mejor.

LA ESCULTURA MÁS GRANDE

En las Montañas Negras (*Black Hills*), de Dakota del Sur, EE.UU., cuatro gigantescas cabezas vigilan desde un alto acantilado de granito del Monte Rushmore. Representan a cuatro famosos presidentes norteamericanos: George Washington, Thomas Jefferson, Theodore Roosevelt y Abraham Lincoln. Cada una tiene unos 20 m de altura y fueron diseñadas hace más de 50 años por el escultor Gutzon Borglum. Los mineros y canteros estuvieron 15 años tallando y barrenando las montañas para esculpir.

En unas montañas, a poca distancia del Monte Rushmore, se está tallando una escultura aún más grande: la figura del jefe indio americano Caballo Loco, que empezó el escultor Korczak Ziolkowski en 1948. Hasta ahora sólo se ha labrado la cara. La estatua completa medirá 172 metros de altura cuando se termine.

Las ilustraciones están aproximadamente a escala

GATEWAY ARCH

La catedral de Ulm, Alemania, tiene el récord de la iglesia con la aguja más alta. Se tardaron 500 años en construirla desde la base hasta la punta de la aguja.

CATEDRAL DE ULM

La estatua más alta del mundo, el Buda Amida de bronce de la ciudad de Ushiku, en Japón, se yergue hasta 120 m de altura y pesa más de 1.000 toneladas. Dentro de la estatua hay salas para ejercicios espirituales y de meditación. Se puede subir por una escalera hasta el pecho de la estatua para contemplar los jardines que hay debajo.

La columna más alta del mundo es la de San Jacinto, Texas, EE.UU. (*izquierda*). Tiene una altura de 174 metros. Sólo la estrella de Texas de la punta pesa casi 200 toneladas. La columna se construyó en 1936 para conmemorar una batalla disputada 100 años antes. En un violento ataque que duró sólo 18 minutos, los soldados texanos derrotaron al ejército mexicano. En los nueve años siguientes, hasta 1845, Texas fue una nación independiente.

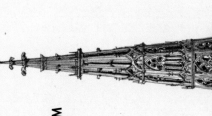

MONUMENTO DE SAN JACINTO

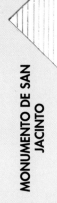

GRAN PIRÁMIDE DE GIZEH, 147 m
La pirámide más alta

PINO GIGANTE DE
CALIFORNIA, 120 m
El árbol más alto

BUDA AMIDA,
120 m
*La estatua
más alta*

23

LA PRIMERA VUELTA AL MUNDO

EL TRIUNFO DE LA VICTORIA

En 1519, zarparon de España cinco embarcaciones rumbo a las Islas de las Especias, en el lejano Oriente. Su capitán, Fernando de Magallanes, quería bordear las costas de Sudamérica en busca de un paso hacia el Pacífico. A los cuatro meses de duro viaje llegó al hoy llamado Estrecho de Magallanes. Dos de sus naves se perdieron; el agua para beber se volvió amarilla y hedionda y los alimentos se acababan. Hasta las ratas estaban flacas, pero los españoles se las comían, al igual que sus propias botas hervidas.

En Filipinas los indígenas mataron a Magallanes, pero su nave, la Victoria, llegó hasta las Islas de las Especias. Al mando de Juan Sebastián Elcano, navegó a través del Índico, para arribar por fin a España a los 1.082 días de zarpar. De los 277 marinos que salieron, sólo regresaron 17 hombres extenuados.

España

ÁFRICA

OCÉANO ÍNDICO

OCÉANO ATLÁNTICO

ANTÁRTIDA

Los españoles tuvieron que buscar una ruta alternativa para llegar a las Islas de las Especias una vez firmado el acuerdo con Portugal que les prohibía bordear África.

Islas de las Especias

AUSTRALIA

ANTÁRTIDA

OCÉANO PACÍFICO

OCÉANO
GLACIAL
ÁRTICO

Polo
Norte

GROENLANDIA

Ruta de
Peary,
1908-1909

Robert Peary (1856-1920), antes de ser explorador polar, ayudó a construir el Canal de Panamá. Pasó años con los esquimales aprendiendo cómo vivir en el Ártico.

Peary y sus compañeros posan en una fotografía en el lugar que determinaron como el Polo Norte. Plantaron la bandera norteamericana sobre un montículo de nieve.

En 1909, EL EXPLORADOR NORTEAMERICANO Robert Peary inició su octava expedición al Ártico. Seguramente sería la última. Tenía 52 años y había perdido todos los dedos de los pies por congelación. Pero estaba decidido a llegar al Polo Norte. Era su cometido más importante.

Salió de su base en Cabo Columbia, en el Ártico canadiense, con 19 trineos tirados por perros, cruzando los témpanos rotos y a la deriva del Océano Glacial Ártico. Aunque solía atascarse en extensiones de agua sin helar, avanzaba a una media de 24 km al día. Otros miembros de la expedición iban delante y dejaban suministros de combustible y alimentos antes de volverse atrás. La etapa final la hizo con su viejo amigo Matthew Henson y cuatro esquimales. El 6 de abril llegaron al Polo.

Nadie había viajado nunca tan deprisa por los hielos árticos. En esa última etapa cubrió más de 300 kilómetros en cuatro días. Las dudas sobre su increíble velocidad han hecho pensar que Peary nunca llegó hasta el Polo.

LOS PRIMEROS EN LOS POLOS

PEARY Y AMUNDSEN LLEGARON A LOS EXTREMOS DE LA TIERRA

EL EXPLORADOR NORUEGO Roald Amundsen quería ser el primero en llegar al Polo Norte. Cuando oyó que Peary ya había llegado, optó por el Polo Sur. En su barco, el Fram, la expedición llegó hasta la bahía de las Ballenas. En octubre de 1911, salió de allí con 4 hombres y 4 trineos, tirados por 52 perros.

En la primera etapa a través de la barrera de hielo de Ross, avanzaron deprisa recogiendo las provisiones dejadas por un grupo avanzado. Luego, en los hielos escarpados del glaciar Axel Heiberg, el frío (-50 °C), los temporales y ventiscas de nieve y las grietas bajo el hielo, eran peligros continuos; pero él tuvo fe y el 14 de diciembre llegaron al Polo Sur e izaron la bandera noruega. El 25 de enero estaban de regreso en su nave. Ese verano, un equipo inglés capitaneado por Robert F. Scott, también intentaba llegar al Polo Sur por una ruta más larga. El 17 de enero encontraron en el polo la bandera noruega y, cansados y tristes, dieron la vuelta. En la barrera de hielo de Ross murieron todos, atrapados en una terrible ventisca.

El viaje de Amundsen al Polo Sur fue una expedición bien planeada. Los perros tiraban de los trineos cargados con las provisiones, mientras que los hombres de Amundsen caminaban por el hielo.

ANTÁRTIDA

Polo Sur

Barrera de hielo de Ross

OCÉANO GLACIAL ANTÁRTICO

Ruta de Amundsen en 1911

El noruego Roald Amundsen (1872-1928) dejó sus estudios médicos para ser explorador. Además de su conquista polar, fue el primero en navegar a través del Paso del Noroeste, en el Ártico canadiense.

HACIA EL PUNTO MÁS ALTO DE LA TIERRA

LAS MONTAÑAS SE EMPEZARON A ESCALAR hace unos 200 años, pero hasta el siglo XX nadie había escalado el Everest, el pico más alto del mundo (8.863 m). Dos montañeros británicos, George Mallory y Andrew Irvine, tal vez llegaran arriba en 1924. Se les vio por última vez a 250 metros de la cumbre. Luego, desaparecieron.

Los tibetanos llaman Chomolangma («Diosa madre del mundo») al Everest. Las ventiscas soplan a más de 150 km/h y el aire está tan enrarecido que la mayoría de los escaladores llevan bombonas de oxígeno.

En 1953, una expedición de Gran Bretaña y la Commonwealth dirigida por el coronel John Hunt, inició la ascensión del Everest. Dos de sus componentes llegaron hasta la cumbre sur, pero tuvieron que dar la vuelta. El coronel Hunt eligió a otros dos para hacer un segundo intento. Eran el neozelandés Edmund Hillary y Tenzing Norgay. Tenzing era de Sherpa, uno de los pueblos de las montañas del Nepal. El 29 de mayo llegaron a la cumbre. Preocupados por si se les agotaba el oxígeno, sólo estuvieron allí 15 minutos. Después de hacer fotografías y agotados pero triunfantes, descendieron.

Hillary y Tenzing, fotografiados tras el éxito de su ascensión al Everest.

CARA LHOTSE

COLLADO SUR

El collado sur, a 7.986 m. Una pequeña plataforma horizontal, donde un equipo avanzado montó el campamento. Por delante, la terrorífica cresta sureste... y la cumbre propiamente dicha.

CRESTA SURESTE

CIMA SUR

CIMA

Hacia la empinada pendiente de la cara Lhotse. Los escarpados verticales y el viento glacial retrasaron a los escaladores. Durante unos días no se consiguió avanzar.

Debajo puede verse la ruta final del ascenso a la cumbre del Everest.

CIMA

CIMA SUR

CRESTA SURESTE

¡YA ESTAMOS CERCA!

En la cresta sureste, Hillary y Tenzing excavaron un pequeño repecho para acampar. Hillary durmió sentado, para evitar que la tienda volara. Por la mañana el viento amainó y salió el sol, y a las 9, ya estaban en la cima sur. Delante había una pared de roca de 12 m. La escalaron y estuvieron en la cima del mundo.

Subieron el empinado valle llamado Circo del Oeste. En sus laderas se montaron varios campamentos. Esta ruta sólo se había utilizado antes una vez.

CIRCO DEL OESTE

CASCADA DE HIELO DEL GLACIAR KHUMBU

El campamento base se montó en el glaciar Khumbu, a 5.356 m de altura. Todavía quedaba por delante una ascensión larga y dura. Más adelante está la peligrosa cascada de hielo del glaciar Khumbu.

GLACIAR KHUMBU

CHINA

Tibet

M. Everest

BIRMANIA

NEPAL

PAQUISTÁN

INDIA

29

LOS PRIMEROS EN EL ESPACIO

MUCHO ANTES DE INVENTAR el cohete, el hombre soñaba con viajar por el espacio. En 1865, el francés Julio Verne escribió una historia sobre un viaje a la Luna. ¡A bordo de algo parecido a un tren!

La clave del viaje espacial estaba en el cohete y el primero en proponer su uso fue un profesor ruso, Konstantin Tsiolkovsky, en 1903. Nadie le hizo mucho caso, excepto el científico americano Robert H. Goddard, que fue el primero en construir un cohete en 1926, utilizando combustible líquido.

La Era Espacial empezó el 4 de octubre de 1957, cuando la Unión Soviética lanzó el Sputnik 1, el primer satélite que giraba alrededor de la Tierra. El primer ser vivo en el espacio fue la perra Laika y el primer hombre, el soviético Yuri Gagarin, el 12 de abril de 1961. Su nave espacial, la Vostok 1, describió una órbita alrededor de la Tierra en un vuelo que duró 108 minutos. La cápsula de descenso, de 2,3 m de diámetro, aterrizó en Rusia, pero Gagarin no iba en ella: había saltado en paracaídas a 6.700 m de altura. Este astronauta también fue el primer hombre en viajar por el exterior de la atmósfera terrestre.

EL PRIMER PASEO ESPACIAL

Aleksei Leonov, un piloto de caza soviético entrenado como cosmonauta, fue el primero que se paseó por el espacio, en 1965. Salió de su nave, la Vostok 2, en una burbuja con aire. Una vez cerrada tras él la puerta de la nave, la burbuja se despresurizó. Entonces abrió la escotilla y salió al espacio. Sujeto a la nave por un cable, Leonov pasó diez minutos solo en el espacio, tomando fotografías con una cámara portátil de televisión.

En 1984, el astronauta norteamericano capitán Bruce McCandless fue la primera persona que salió al espacio sin ir sujeto a la nave espacial. Fue el primer satélite humano. Junto con el coronel Bob Stewart, estuvo durante cinco horas haciendo actividades extravehiculares, a bordo de unos pequeños vehículos, a modo de sillones propulsados por gas. Excitados por su experiencia, se llamaban el uno al otro... «Flash Gordon» y «Buck Rogers».

UN AÑO EN EL ESPACIO

En la década de 1970, soviéticos y norteamericanos empezaron a construir estaciones espaciales. Mucho mayores que las cápsulas de Gagarin y de Glenn, llevaban tripulantes que hacían investigaciones científicas. En 1987 y 1988 Musa Manarov y Vladimir Titov estuvieron 366 días en la estación espacial *Mir*. Valeri Poliakov batió este récord en 1995 y también el de recorrer la distancia más larga; unos 400 millones de kilómetros a bordo de la *Mir*. Más o menos el equivalente de un viaje de ida y vuelta al Sol.

La primera mujer en el espacio fue Valentina Tereshkova, de 26 años, de la Unión Soviética *(derecha)*. Describió 48 órbitas en torno a la Tierra en la Vostok 6, en 1963.

Yuri Gagarin, comandante de las Fuerzas Aéreas Soviéticas (1934-1968) *(derecha)* e hijo de un carpintero, hizo el primer vuelo espacial tripulado de todos los tiempos, en la Vostok 1, en abril de 1961.

CONQUISTA ESPACIAL

4 de octubre de 1957. Los soviéticos lanzan el Sputnik 1, primer satélite hecho por el hombre.

12 de abril de 1961. El cosmonauta soviético Yuri Gagarin hace el primer vuelo en una nave espacial tripulada, la Vostok 1.

5 de mayo de 1961. El primer astronauta americano, Alan Shepard, hace un vuelo de 15 minutos.

20 de febrero de 1962. John Glenn se convierte en el primer astronauta americano en dar la vuelta a la Tierra.

16 de junio de 1963. La cosmonauta Valentina Tereshkova se convierte en la primera mujer que viaja al espacio.

18 de marzo de 1965. El cosmonauta soviético Aleksei Leonov da el primer paseo espacial.

21 de julio de 1969. El astronauta norteamericano Neil Armstrong es el primer hombre que pone el pie en la Luna.

7 de febrero de 1984. El norteamericano Bruce McCandless hace el primer paseo espacial sin ir sujeto a la nave.

1994-1995. El doctor ruso Valeri Poliakov establece un récord de 437 días en el espacio.

Neil Armstrong

Máquinas
e Inventos

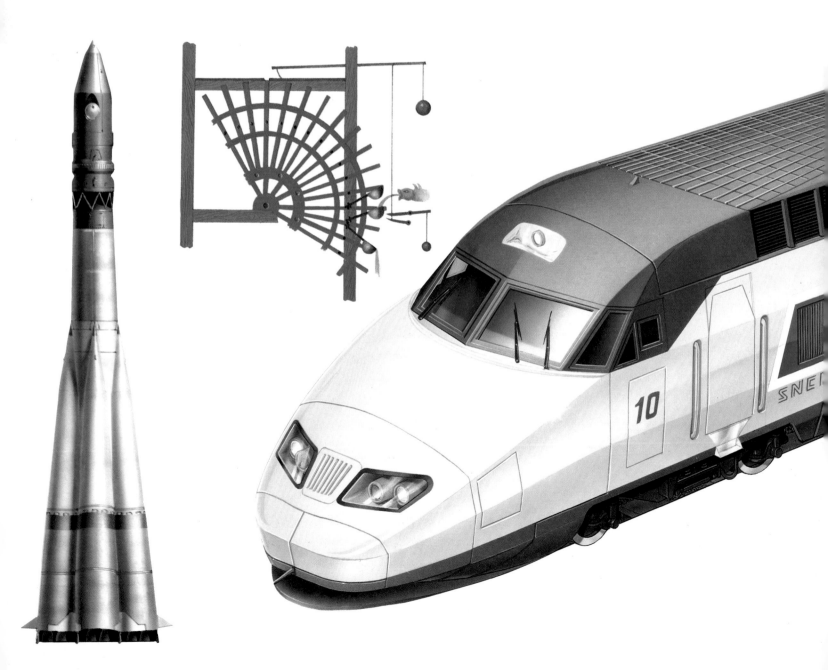

INTRODUCCIÓN

En 1987 UN TREN TRANSPORTÓ pasajeros a 400 km/h: un récord mundial de velocidad. No llegó a tocar la vía; iba sostenido en el aire por un campo magnético. Mientras, la sonda espacial norteamericana Pioneer 10, lanzada en 1972 para tomar fotografías de Júpiter, ya está fuera del Sistema Solar, a más de 8.000 millones de kilómetros de la Tierra. Es el objeto más remoto hecho por el hombre. Un poco más cerca está el telescopio espacial Hubble, transmitiendo fotografías de galaxias situadas a billones de kilómetros. Es tan potente que podría detectar la luz de una linterna a 400.000 km.

A medida que la tecnología avance se irán estableciendo records cada vez más asombrosos. El primer vehículo de transporte de pasajeros, un carro movido a vapor y construido en 1769, alcanzó la terrorífica velocidad de 3 km/h... y se las arregló para sufrir el primer accidente de tráfico ¡estrellándose contra un muro! Aquí podremos ver la historia de records pasados y presentes. Descubramos sus extraordinarios logros mientras vemos un cuadro fascinante de la tecnología punta.

LA PRIMERA FOTOGRAFÍA

L A FOTOGRAFÍA MÁS ANTIGUA conocida fue hecha en 1827 por el francés Joseph Nicéphore Niépce. La simple cámara oscura —en la que rayos de luz reflejados por un objeto pasan a través de un orificio para formar dentro una imagen invertida— se había inventado hacía siglos. Para hacer una imagen permanente Niépce puso en su cámara una placa de metal untada con betún y aceite. A las 8 horas se formó en ella una imagen fantasmagórica, pero la calidad fue mejorada pronto por Louis Daguerre, francés, y William Fox Talbot, inglés.

Los rayos X los descubrió, accidentalmente, en 1895, un científico alemán: Wilhelm Röntgen. Estos rayos invisibles pueden atravesar muchos materiales —como la carne— pero no los metales o el hueso. En 1896, Röntgen hizo la primera placa de rayos X a la mano de su mujer (derecha). Puede verse claramente el anillo.

La fotografía más antigua es una vista tomada en 1827 por Nicéphore Niépce desde la ventana de su casa, en Chalon-sur-Saône, cerca de Beaune, Francia.

Fotografía hecha por Daguerre de un estudio de artista: la primera que fue un completo éxito en el mundo (1837). Se la llamó daguerrotipo y era una fotografía sobre una placa de cobre fijada con sal común.

El inventor norteamericano George Eastman introdujo la cámara Kodak de fácil manejo (derecha), en 1888 y muy pronto la fotografía se hizo popular. Eastman fabricó también los primeros rollos de película.

LAS PRIMERAS PELÍCULAS

En 1891, el norteamericano Thomas Alva Edison construyó el primer aparato cinematográfico: el Kinetoscope. A través de una mirilla se podía ver la secuencia de fotografías de una tira de película que pasaba frente a ella. Dos años más tarde, los hermanos franceses Auguste y Louis Lumière, hicieron la primera exhibición pública de cine en un café de París.

Estas cinco fotografías *(debajo)* son auténticos hitos en la primitiva historia de la fotografía.

...rancés Hippolyte Bayard descubrió cómo conseguir ...ágenes positivas sobre papel. Esta fotografía de unos ...olinos de viento fue tomada en 1839.

Fotografía de la abadía de Lacock, de Fox Talbot, hecha en 1835 desde una ventana. Fue la primera hecha por el sistema de negativado-positivado, que permite hacer copias.

La primera foto en color la hizo, en 1861, el físico escocés James Clerk Maxwell.

LA CÁMARA MÁS RÁPIDA

La cámara más rápida que se fabrica es el convertidor de imágenes o cámara Imacon. Se usa para investigación industrial y científica. El convertidor de imágenes permite ver, por ejemplo, lo que ocurre cuando una bala hace impacto en el blanco a gran velocidad. La luz que entra en la cámara es convertida en un haz de electrones (como en el interior del tubo de un aparato de televisión). Éste forma una imagen que puede grabarse en película. Entre cada dos imágenes hay menos de una milmillonésima de segundo, lo que quiere decir que en un segundo pueden tomarse ¡mil millones de imágenes!

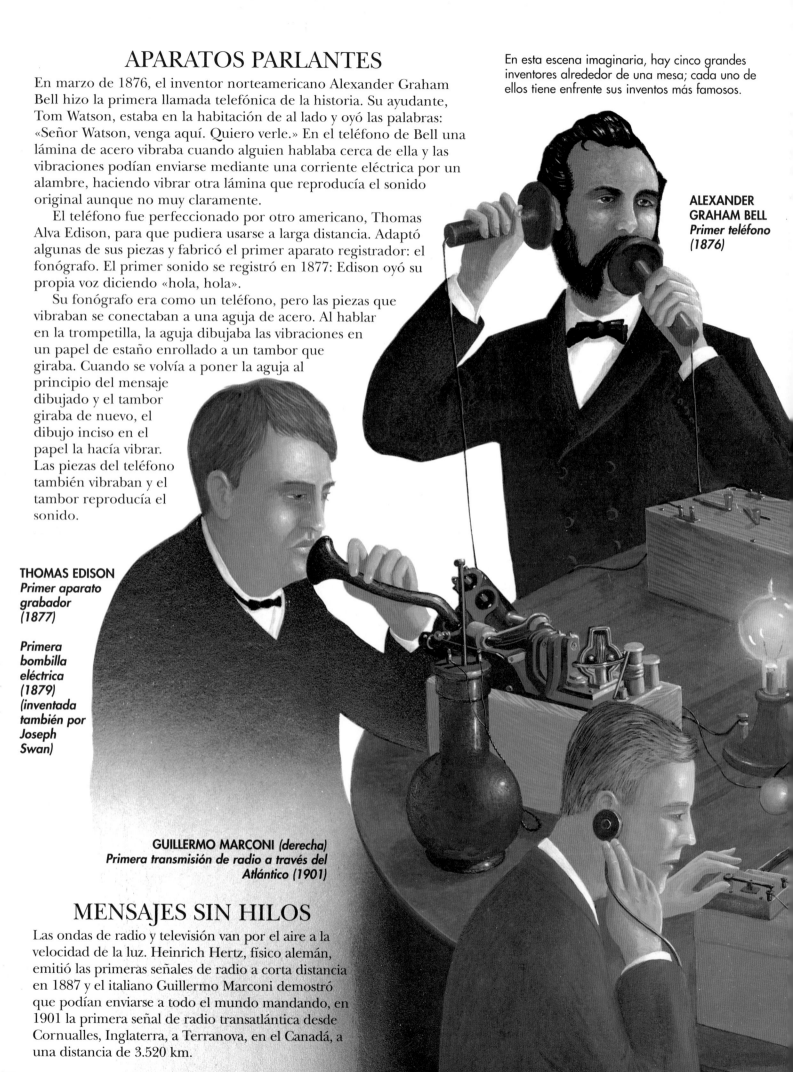

APARATOS PARLANTES

En marzo de 1876, el inventor norteamericano Alexander Graham Bell hizo la primera llamada telefónica de la historia. Su ayudante, Tom Watson, estaba en la habitación de al lado y oyó las palabras: «Señor Watson, venga aquí. Quiero verle.» En el teléfono de Bell una lámina de acero vibraba cuando alguien hablaba cerca de ella y las vibraciones podían enviarse mediante una corriente eléctrica por un alambre, haciendo vibrar otra lámina que reproducía el sonido original aunque no muy claramente.

El teléfono fue perfeccionado por otro americano, Thomas Alva Edison, para que pudiera usarse a larga distancia. Adaptó algunas de sus piezas y fabricó el primer aparato registrador: el fonógrafo. El primer sonido se registró en 1877: Edison oyó su propia voz diciendo «hola, hola».

Su fonógrafo era como un teléfono, pero las piezas que vibraban se conectaban a una aguja de acero. Al hablar en la trompetilla, la aguja dibujaba las vibraciones en un papel de estaño enrollado a un tambor que giraba. Cuando se volvía a poner la aguja al principio del mensaje dibujado y el tambor giraba de nuevo, el dibujo inciso en el papel la hacía vibrar. Las piezas del teléfono también vibraban y el tambor reproducía el sonido.

En esta escena imaginaria, hay cinco grandes inventores alrededor de una mesa; cada uno de ellos tiene enfrente sus inventos más famosos.

ALEXANDER GRAHAM BELL
Primer teléfono (1876)

THOMAS EDISON
Primer aparato grabador (1877)

Primera bombilla eléctrica (1879) (inventada también por Joseph Swan)

GUILLERMO MARCONI *(derecha)*
Primera transmisión de radio a través del Atlántico (1901)

MENSAJES SIN HILOS

Las ondas de radio y televisión van por el aire a la velocidad de la luz. Heinrich Hertz, físico alemán, emitió las primeras señales de radio a corta distancia en 1887 y el italiano Guillermo Marconi demostró que podían enviarse a todo el mundo mandando, en 1901 la primera señal de radio transatlántica desde Cornualles, Inglaterra, a Terranova, en el Canadá, a una distancia de 3.520 km.

LAS PRIMERAS NOTICIAS
GRANDES INVENTOS ELÉCTRICOS

L TELÉFONO, LA TELEVISIÓN Y LA RADIO son tan importantes en nuestra vida cotidiana que es difícil imaginar qué haríamos sin ellos. Pero, hace no mucho más de 150 años, ni siquiera existían. El primer aparato para enviar mensajes no tenía nada de eléctrico: era una torre con unos grandes brazos mecánicos en su extremo. Los brazos podían ponerse en muchas posiciones y cada una de ellas significaba una palabra o un número distinto. Se construyeron una serie de torres de manera que desde cada una se vieran la anterior y la siguiente. Los operadores iban pasando el mensaje de una torre a otra. Llamado telégrafo de semáforos, se usó por primera vez en Francia en la década de 1790.

Primer telégrafo eléctrico que grababa los mensajes en papel (1838)

JOHN LOGIE BAIRD (abajo, a la izquierda)
Primeras imágenes de televisión

El primero que hizo una demostración de televisión —en 1926— fue el inventor escocés John Logie Baird. Su cámara usaba un disco giratorio con una serie de agujeros y un ojo electrónico. El ojo registraba el brillo de las distintas partes de la imagen —la cabeza que imitaba a un ventrílocuo— y transmitía a una pantalla lo que veía.

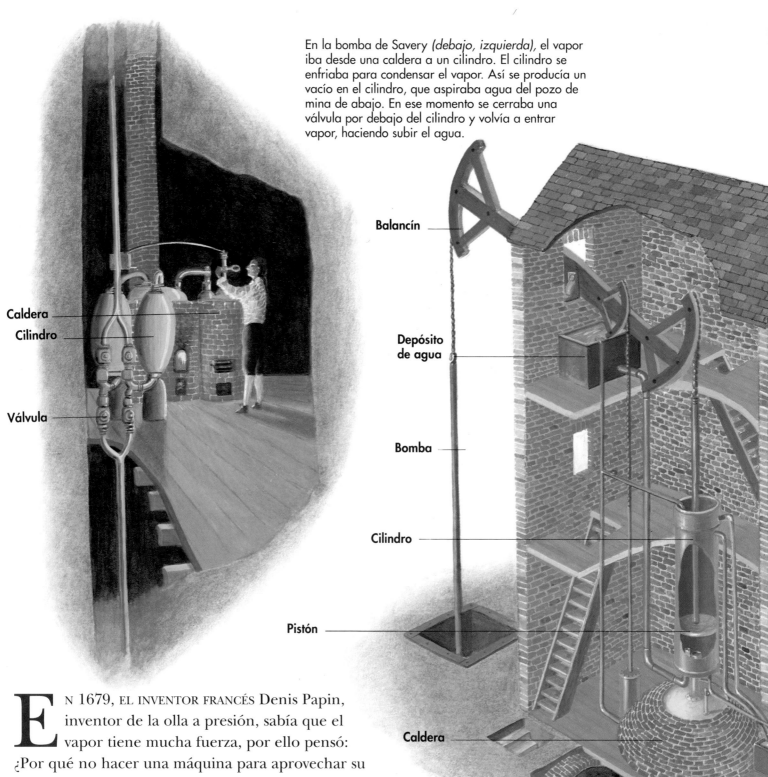

En la bomba de Savery (*debajo, izquierda*), el vapor iba desde una caldera a un cilindro. El cilindro se enfriaba para condensar el vapor. Así se producía un vacío en el cilindro, que aspiraba agua del pozo de mina de abajo. En ese momento se cerraba una válvula por debajo del cilindro y volvía a entrar vapor, haciendo subir el agua.

Balancín

Depósito de agua

Bomba

Cilindro

Pistón

Caldera

Caldera

Cilindro

Válvula

En su máquina (*arriba, derecha*), Newcomen usó la presión atmosférica no para aspirar agua sino para hacer bajar un pistón. Se hacía entrar vapor en un cilindro a bastante presión como para empujar el pistón que había dentro de él. Luego se condensaba el vapor con un chorro de agua, se hacía el vacío y la presión atmosférica llevaba el pistón hacia abajo. El movimiento del pistón hacía subir y bajar el balancín, haciendo funcionar la bomba.

E N 1679, EL INVENTOR FRANCÉS Denis Papin, inventor de la olla a presión, sabía que el vapor tiene mucha fuerza, por ello pensó: ¿Por qué no hacer una máquina para aprovechar su fuerza? Desgraciadamente, no consiguió dinero para desarrollarla y murió en la pobreza en 1714.

La primera máquina de vapor la diseñó en 1698 un ingeniero inglés: Thomas Savery. Se la llamó la amiga del minero porque se usó para sacar el agua de las minas. Su único éxito fue hacer subir agua a algunas casas grandes de Londres. En 1712, el ingeniero de Cornualles Thomas Newcomen construyó otra con un gran balancín que oscilaba 16 veces por minuto para bombear agua. En 1776, el fabricante de instrumentos escocés James Watt la mejoró consiguiendo que no desperdiciara tanto calor y aprovechara mejor la fuerza del vapor.

MÁQUINAS DE VAPOR
LA FUERZA MOTRIZ DE LA REVOLUCIÓN INDUSTRIAL

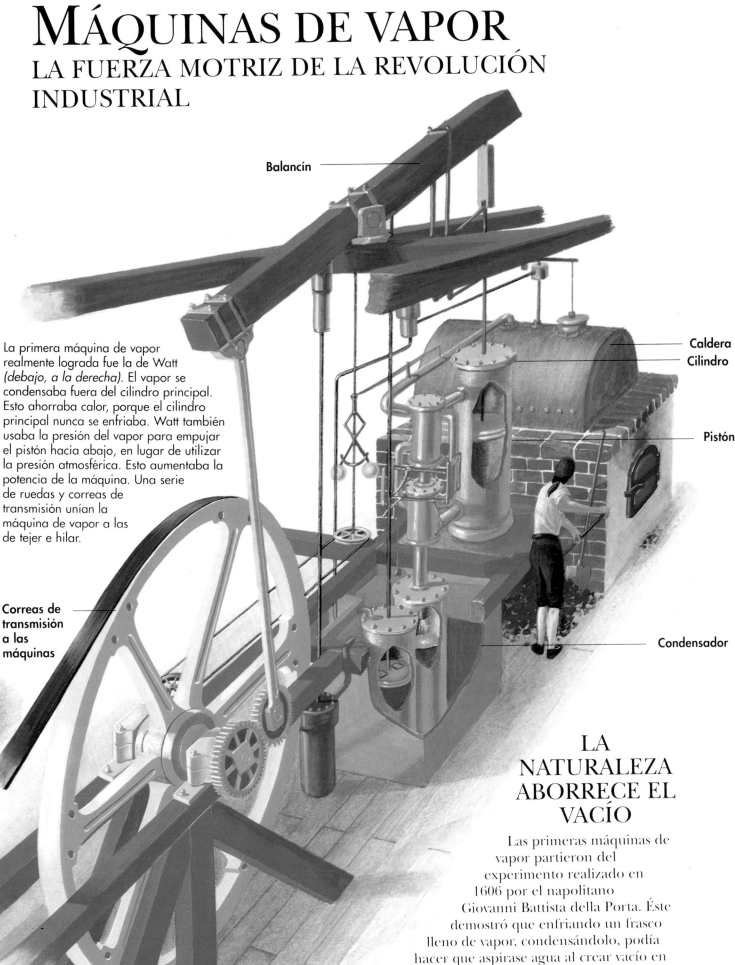

Balancín

Caldera

Cilindro

Pistón

Condensador

Correas de transmisión a las máquinas

La primera máquina de vapor realmente lograda fue la de Watt *(debajo, a la derecha)*. El vapor se condensaba fuera del cilindro principal. Esto ahorraba calor, porque el cilindro principal nunca se enfriaba. Watt también usaba la presión del vapor para empujar el pistón hacia abajo, en lugar de utilizar la presión atmosférica. Esto aumentaba la potencia de la máquina. Una serie de ruedas y correas de transmisión unían la máquina de vapor a las de tejer e hilar.

LA NATURALEZA ABORRECE EL VACÍO

Las primeras máquinas de vapor partieron del experimento realizado en 1606 por el napolitano Giovanni Battista della Porta. Éste demostró que enfriando un frasco lleno de vapor, condensándolo, podía hacer que aspirase agua al crear vacío en el frasco. El peso del aire de alrededor —la presión atmosférica— empujaba el agua para llenar ese espacio vacío.

39

LA LOCOMOTORA MÁS GRANDE

LA «BIG BOY», DE LA UNIÓN PACÍFICO

La locomotora más grande, más pesada y más potente que ha tirado de un tren fue la «Big Boy». Entre 1941 y 1945, la American Locomotive Company, de Schenectady, Nueva York, construyó 25 de estos gigantes para la Union Pacific Railroad. Tenían 40 metros de largo (como vez y media la longitud de un campo de baloncesto) y pesaban más de 600 toneladas. Cada locomotora podía remolcar una carga de seis veces su peso por las empinadas rampas de las montañas del oeste de los Estados Unidos.

La «Big Boy» tenía dos juegos de ocho ruedas motoras cada uno. El juego anterior estaba especialmente diseñado para que la locomotora gigante tomase las curvas en las serpenteantes líneas férreas de montaña. Ningún fogonero podía palear carbón lo bastante deprisa como para mantener alimentada la caldera, por lo que se usaba un cargador mecánico. Este aparato podía cargar en el hogar 22 toneladas de carbón por hora. Las «Big Boy» gastaban también muchísima agua. A la máxima velocidad, engullían 50 toneladas de agua por hora... ¡una cacerola por segundo!

Las locomotoras «Big Boy» remolcaban trenes de mineral de más de 70 vagones entre Wyoming y Utah, a través de las montañas Wasatch.

BIG BOY

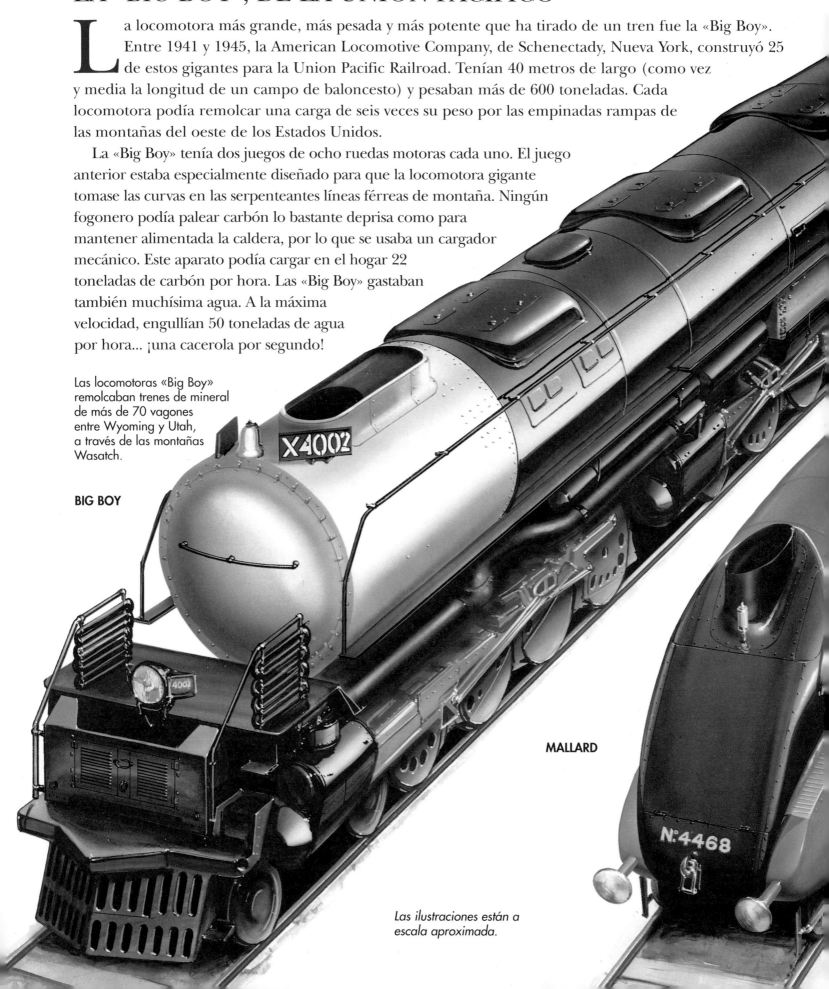

MALLARD

Las ilustraciones están a escala aproximada.

LA LOCOMOTORA DE VAPOR MÁS RÁPIDA

El 3 julio de 1938 se estableció un nuevo récord mundial de velocidad para locomotoras de vapor. Le correspondió este honor a la Mallard, una nueva máquina con un carenado aerodinámico. Remolcando un tren de siete vagones entre Grantham y Peterborough, en Inglaterra, a la Mallard se le tomó una velocidad de 201,16 km/h sobre unos 400 metros. Se averió durante la prueba, pero fue reparada y enviada al Museo del Ferrocarril, en York, Inglaterra. Su récord no ha sido batido hasta hoy.

LOCOMOTORA DE TREVITHICK

LOS PRIMEROS TRENES

La primera locomotora de vapor que corrió sobre raíles la construyó el ingeniero de Cornualles Richard Trevithick. Su locomotora de cuatro ruedas hizo un recorrido de prueba el 22 de febrero de 1804, alcanzando los 20 km/h sin carga y los 8 km/h con ella (como el paso acelerado de un hombre). Desgraciadamente, el peso del tren rompió las vías. Hacia 1812, se montaron unas vías más fuertes entre Middleton Colliery y Leeds, en Inglaterra. Por ellas circularon las primeras locomotoras de vapor ya rodadas.

En 1829, se estaba construyendo el nuevo ferrocarril entre Liverpool y Manchester, en el norte de Inglaterra. Se hizo una competición para encontrar la mejor locomotora para recorrerlo. El premio de 500 libras lo ganó fácilmente la Rocket, introducida por George y Robert Stephenson. Alcanzó la asombrosa velocidad —para entonces— de 46,7 km/h, un récord mundial. Por primera vez, la gente podía viajar por tierra más deprisa que a caballo.

La ilustración *(debajo)* muestra el interior de una locomotora de vapor. En la caldera, el agua se calienta en los tubos de calefacción. El vapor va a parar a un cilindro, donde empuja un émbolo que va unido a las ruedas motrices. Cuando el émbolo llega al final del cilindro el vapor empieza a entrar por el lado contrario, empujándole de nuevo hacia atrás.

ROCKET

Caldera   Vapor   Émbolo

Hogar   Ruedas motrices   Cilindro

EL TREN MÁS RÁPIDO
EL COHETE FRANCÉS SOBRE RAÍLES

EL TREN FRANCÉS DE ALTA VELOCIDAD —el Train à Grande Vitesse o TGV— ostenta el récord mundial de velocidad para un tren sobre raíles. En 1990, durante un recorrido de prueba sin pasajeros entre París y Tours, el TGV alcanzó una velocidad de 515 km/h: una vez y media la de un coche de carreras de Fórmula 1. En el servicio normal el TGV también supera fácilmente a cualquier otro tren. El viaje de 425 km entre París y Lyon lo hace en unas dos horas.

El TGV va movido por la corriente eléctrica de un cable suspendido encima. Lleva dos locomotoras, una en cabeza y otra en la cola del tren y tanto éstas como los vagones son muy aerodinámicos, con lo que el tren no consume más energía que uno corriente.

Si volvemos a los trenes de vapor, en la cabina del maquinista hay una serie de palancas e indicadores, se siente el calor abrasador del hogar y el ruido del traqueteo es ensordecedor. La cabina del TGV parece más un despacho moderno y el ruido de la locomotora en marcha apenas es mayor que el zumbido de los ordenadores. El maquinista vigila la marcha del tren en la pantalla de un ordenador y da instrucciones mediante un teclado. Los ordenadores de a bordo están enlazados por radio con el centro de comunicaciones y otros trenes de la línea. Los frenos, el aire acondicionado y otros equipos también funcionan por ordenador.

El TGV de alta velocidad puede subir las pendientes cuatro veces más deprisa que casi todos los demás trenes. Por ello, el trazado de la línea puede ser mucho más recto, ahorrando buena parte del coste de construir una vía a nivel a través de terreno montañoso.

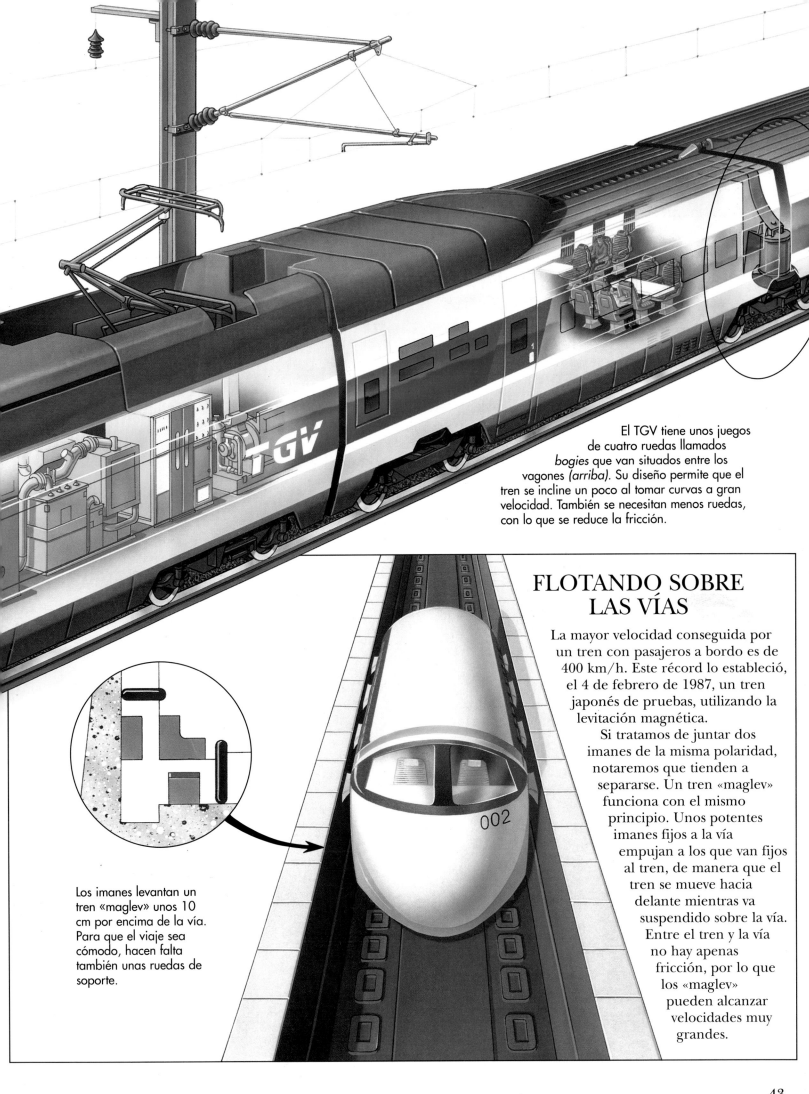

El TGV tiene unos juegos de cuatro ruedas llamados *bogies* que van situados entre los vagones *(arriba)*. Su diseño permite que el tren se incline un poco al tomar curvas a gran velocidad. También se necesitan menos ruedas, con lo que se reduce la fricción.

FLOTANDO SOBRE LAS VÍAS

La mayor velocidad conseguida por un tren con pasajeros a bordo es de 400 km/h. Este récord lo estableció, el 4 de febrero de 1987, un tren japonés de pruebas, utilizando la levitación magnética.

Si tratamos de juntar dos imanes de la misma polaridad, notaremos que tienden a separarse. Un tren «maglev» funciona con el mismo principio. Unos potentes imanes fijos a la vía empujan a los que van fijos al tren, de manera que el tren se mueve hacia delante mientras va suspendido sobre la vía. Entre el tren y la vía no hay apenas fricción, por lo que los «maglev» pueden alcanzar velocidades muy grandes.

Los imanes levantan un tren «maglev» unos 10 cm por encima de la vía. Para que el viaje sea cómodo, hacen falta también unas ruedas de soporte.

YATE DE
REGATA

El submarino soviético de la clase Tifón (arriba)
es el más grande jamás construido. Puede estar
durante años, ininterrumpidamente, bajo el agua.
Fue diseñado para llevar misiles que podían
alcanzar blancos hasta 9.000 km: una distancia
mayor que la de Londres a Los Ángeles.

El mayor transatlántico
es el paquebote de lujo
Grand Princess (arriba).
Puede llevar 2.600
pasajeros. El buque
tiene 18 cubiertas, que
se completan con varias
piscinas, un teatro y
una capilla para
bodas.

BALLENA AZUL

Los portaaviones de la clase Nimitz de la *US Navy (debajo)* son los buques de guerra más grandes y pueden llevar casi 100 aparatos. Pueden dar casi cuatro veces la vuelta al mundo sin tener que repostar.

LOS GIGANTES DEL MAR
DE LA BALLENA AZUL AL PETROLERO

LOS PETROLEROS son los mayores vehículos de transporte. El récord lo tiene el Jahre Viking, llamado anteriormente Seawise Giant, con casi medio kilómetro de largo. En su cubierta se podrían hacer cuatro campos de fútbol... ¡y sobraría sitio! El barco pesa más o menos lo mismo que un transatlántico grande, pero con la carga de petróleo completa, hasta diez veces más. Los transportes de crudo ultragrandes, como el Jahre Viking, están diseñados para flexionarse sin romperse con mar gruesa. Pero son frágiles, como una caja larga y fina de metal, y por esto se rompen fácilmente si embarrancan. El capitán de un petrolero debe navegar con mucho cuidado: no puede detener el barco en menos de seis kilómetros.

El Jahre Viking hace que un transatlántico grande y un portaaviones parezcan pequeños. Pero la carabela insignia de Cristóbal Colón —la Santa María—, que cruzó el Atlántico en 1492, es una enana al lado de estos buques gigantescos. Lo mismo ocurre con la ballena azul, el animal más grande de la historia.

SANTA MARÍA

JAHRE VIKING

El mayor barco velero que ha surcado los mares fue el France II (derecha). El casco de acero de este buque de vela medía 127 m de eslora. Fue botado en 1911 y estuvo navegando durante 11 años.

Las ilustraciones son a escala, aproximadamente.

VEHÍCULOS MOVIDOS POR EL HOMBRE
DE CORRER A VOLAR

En 1817, EL BARÓN Von Drais subió por vez primera a su máquina de correr; la gente huyó aterrorizada y los caballos se espantaron. El inventor alemán se sentó a horcajadas en su *draisienne*, que consistía en dos ruedas una detrás de otra, unidas por un armazón de madera, y se movió impulsándose con los pies en el suelo. En una buena carretera, iba más rápido que un caballo. Fue el vehículo terrestre más veloz de su tiempo.

La *draisienne* o draisiana fue el primero de una larga serie de vehículos a tracción humana. En 1839, el herrero escocés Kirkpatrick Macmillan construyó la primera bicicleta: se la podía llevar sin que los pies tocasen el suelo, con pedales que movían la rueda trasera.

Los jueces de Glasgow le pusieron una multa de cinco chelines por atropellar a un niño durante un recorrido por la ciudad.

La primera bicicleta a pedal realmente lograda la hicieron en París, en 1861, Pierre Michaux y su hijo Ernest. Pusieron dos pedales en la rueda delantera de una *draisiana*. La nueva máquina se popularizó con el nombre de «rompehuesos». Un inventor inglés, James Starley, en 1870 diseñó una famosa versión de ella llamada *Penny Farthing* (cuarto de penique), por su enorme rueda delantera (1,5 m de diámetro) y su rueda de atrás mucho más pequeña.

Su sobrino construyó después la bicicleta de seguridad Rover. Con armazón en forma de rombo, ruedas del mismo tamaño y propulsión de cadena, esta máquina de 1885 fue la pionera de la bicicleta moderna.

La bicicleta de Macmillan *(izquierda)* tenía unos pedales conectados por barras a la rueda trasera. La primitiva «rompehuesos» de Ernest Michaux *(centro)* tenía ruedas de hierro o de madera que, como su nombre indica, hacían muy poco cómodo el montar en ella. En 1888, hubo un veterinario de Belfast —John Boyd Dunlop— que introdujo los neumáticos llenos de aire. La bicicleta Rover de Starley *(derecha)* tenía una cadena que enlazaba los pedales con la rueda trasera.

PEDALEANDO POR EL AIRE

El primer vuelo de propulsión humana en cualquier distancia lo realizó el ciclista norteamericano Bryan Allen el 12 de junio de 1979. Su aeroplano —el Gossamer Albatross— tenía una envergadura de alas de unos 29 m (algo más largo que una pista de tenis) pero no pesaba —sin contar el piloto— más que 25 kg (lo que un niño). Cruzó los 35 km del Canal de la Mancha en 2 horas y 49 minutos. La hélice la movía el propio ciclista. En 1988, Kanellos Kanellopoulos —un ciclista griego— voló 119 km con un aparato similar sobre el mar, cerca de la isla de Creta.

Las modernas bicicletas de persecución que se usan en las carreras de pista tienen las ruedas traseras macizas. Esto mejora el flujo del aire y permite al ciclista ir más deprisa. Los corredores más rápidos hacen medias de más de 54 km/h sobre distancias de 4 km.

El récord de velocidad de un vehículo movido por el hombre lo tiene una bicicleta aerodinámica llamada recostada. El ciclista pedalea tumbado de espaldas y alcanza los 105 km/h.

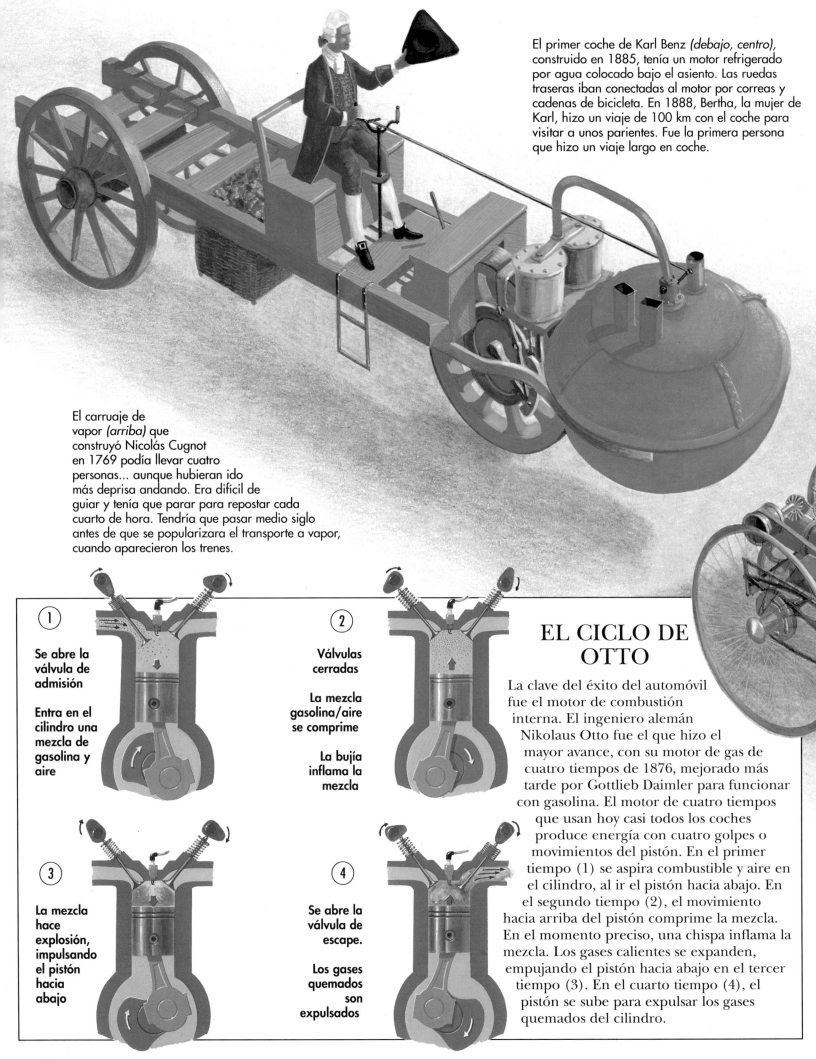

El primer coche de Karl Benz *(debajo, centro)*, construido en 1885, tenía un motor refrigerado por agua colocado bajo el asiento. Las ruedas traseras iban conectadas al motor por correas y cadenas de bicicleta. En 1888, Bertha, la mujer de Karl, hizo un viaje de 100 km con el coche para visitar a unos parientes. Fue la primera persona que hizo un viaje largo en coche.

El carruaje de vapor *(arriba)* que construyó Nicolás Cugnot en 1769 podía llevar cuatro personas... aunque hubieran ido más deprisa andando. Era difícil de guiar y tenía que parar para repostar cada cuarto de hora. Tendría que pasar medio siglo antes de que se popularizara el transporte a vapor, cuando aparecieron los trenes.

① Se abre la válvula de admisión

Entra en el cilindro una mezcla de gasolina y aire

② Válvulas cerradas

La mezcla gasolina/aire se comprime

La bujía inflama la mezcla

③ La mezcla hace explosión, impulsando el pistón hacia abajo

④ Se abre la válvula de escape.

Los gases quemados son expulsados

EL CICLO DE OTTO

La clave del éxito del automóvil fue el motor de combustión interna. El ingeniero alemán Nikolaus Otto fue el que hizo el mayor avance, con su motor de gas de cuatro tiempos de 1876, mejorado más tarde por Gottlieb Daimler para funcionar con gasolina. El motor de cuatro tiempos que usan hoy casi todos los coches produce energía con cuatro golpes o movimientos del pistón. En el primer tiempo (1) se aspira combustible y aire en el cilindro, al ir el pistón hacia abajo. En el segundo tiempo (2), el movimiento hacia arriba del pistón comprime la mezcla. En el momento preciso, una chispa inflama la mezcla. Los gases calientes se expanden, empujando el pistón hacia abajo en el tercer tiempo (3). En el cuarto tiempo (4), el pistón se sube para expulsar los gases quemados del cilindro.

LOS PRIMEROS COCHES
APARECE EL COCHE SIN CABALLOS

L OS PRIMEROS VEHÍCULOS automóviles terrestres estaban movidos por motores de vapor. El primero de estos carruajes lo construyó el francés Nicolás Cugnot en 1769. Diseñado para remolcar cañones pesados, provocó el primer accidente de tráfico cuando se estrelló contra un muro... ¡a su velocidad tope de 5 km/h!

En realidad, la era del automóvil empezó en 1885, cuando el ingeniero alemán Karl Benz acopló con éxito un motor de gasolina a una especie de triciclo. Al principio, su nuevo coche iba dando bandazos y petardeando por las calles de Mannheim, pero pronto consiguió que anduviera más suavemente. El diario local informaba: «Sin ayuda de ningún elemento humano, el vehículo rodó hacia delante; en su recorrido, tomó curvas y evitó el tráfico y los peatones. Iba seguido por una multitud de jóvenes corriendo y sin aliento.» Mientras tanto, otro ingeniero alemán, Gottlieb Daimler, trabajaba duro. Ya había inventado una motocicleta de gasolina y, en 1886, iba a construir el primer coche de cuatro ruedas, un carruaje sin caballos equipado con un potente motor de gasolina.

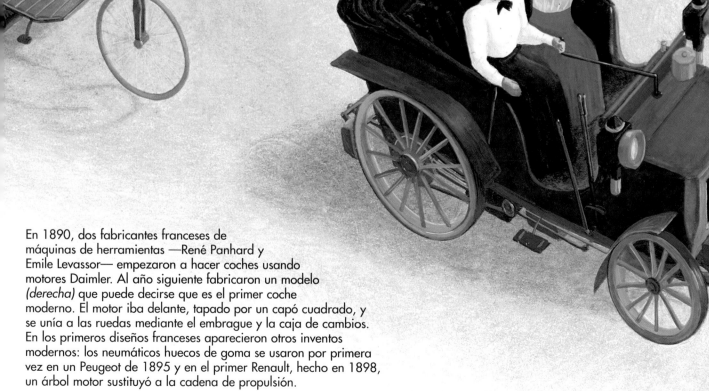

En 1890, dos fabricantes franceses de máquinas de herramientas —René Panhard y Emile Levassor— empezaron a hacer coches usando motores Daimler. Al año siguiente fabricaron un modelo *(derecha)* que puede decirse que es el primer coche moderno. El motor iba delante, tapado por un capó cuadrado, y se unía a las ruedas mediante el embrague y la caja de cambios. En los primeros diseños franceses aparecieron otros inventos modernos: los neumáticos huecos de goma se usaron por primera vez en un Peugeot de 1895 y en el primer Renault, hecho en 1898, un árbol motor sustituyó a la cadena de propulsión.

RÉCORD DE VELOCIDAD EN TIERRA

DESDE LOS PRIMEROS COCHES ELÉCTRICOS A LOS DE REACCIÓN

E L PRIMER RÉCORD MUNDIAL de velocidad en tierra se estableció en Achères, cerca de París, en 1898, a los trece años de inventarse el primer automóvil. El conde Gaston de Chasseloup-Laubat condujo un coche eléctrico —el *Jeantaud*— a 63,14 km/h. Los expertos médicos de la época declararon que a semejantes velocidades sería imposible respirar... y que seguramente el corazón del conductor fallaría.

Al año, Chasseloup-Laubat mejoró su propio récord, llevándolo a 93,7 km/h. En el mismo año Camille Jenatay fue el primero en pasar de 100 km/h. Su coche eléctrico en forma de bala, llamado La Jamais Contente (nunca satisfecho) conservó el récord durante tres años. Un observador comentó que se movía «con un ruido apagado, como un batir de alas, y apenas parecía tocar el suelo».

También hubo coches a vapor que batieron records de velocidad. Uno llegó a 120 km/h en 1902, pero pronto iban a dejar paso a los coches más rápidos de motor de gasolina. El primero de la familia fue el Mors, que estableció el récord en 1902. En 1927, el Sunbeam, el primer coche construido para intentar un récord, rompió la barrera de los 300 km/h. Era un coche aerodinámico propulsado por dos motores de avión, pilotado por el inglés Henry Segrave. Desde entonces, el récord fue subido por una serie de coches con motores cada vez más potentes. El más grande de todos, el Thunderbolt, llegó en 1939 a los 555 km/h.

los coches de carreras de principios del siglo XX fueron los vehículos más rápidos de la tierra, incluso más veloces que los aviones primitivos que surcaban los cielos en aquel tiempo. Corriendo a velocidades que, incluso hoy, se considerarían muy altas (más de 150 km/h) sobre superficies con baches, los conductores se jugaban la vida.

JEANTAUD Marzo 1899. 93,7 km/h. *Primer récord con motor eléctrico*

SER POLLET Abril 1902. 120,8 km/h. *Primer récord de motor de vapor*

GOBRON-BRILLIÉ Julio 1904. 166,6 km/h. *Primer récord sobre 160 km/h*

LA JAMAIS CONTENTE Diciembre 1899. 105,9 km/h. *Primer récord sobre 100 km/h*

MORS Noviembre 1902. 124,1 km/h. *Primer récord de motor de gasolina*

BLITZEN BENTZ Noviembre 1909. 202,7 km/h. *Primer récord sobre 200 km/h*

SUNBEAM Marzo 1927. 328 km/h. *Primer récord sobre 300 km/h*

BLUEBIRD Febrero 1932. 408,9 km/h *Primer récord sobre 400 km/h*

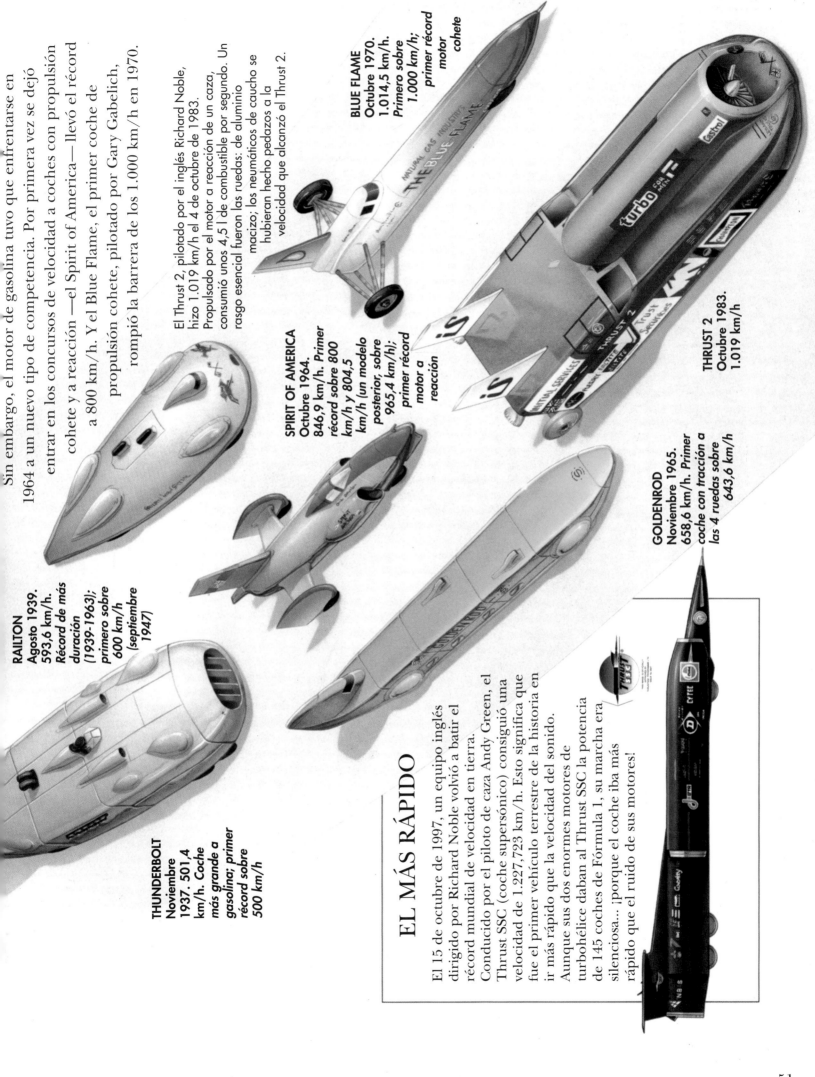

Sin embargo, el motor de gasolina tuvo que enfrentarse en 1964 a un nuevo tipo de competencia. Por primera vez se dejó entrar en los concursos de velocidad a coches con propulsión cohete y a reacción —el Spirit of America— llevó el récord a 800 km/h. Y el Blue Flame, el primer coche de propulsión cohete, pilotado por Gary Gabelich, rompió la barrera de los 1.000 km/h en 1970.

El Thrust 2, pilotado por el inglés Richard Noble, hizo 1.019 km/h el 4 de octubre de 1983. Propulsado por el motor a reacción de un caza, consumió unos 4,5 l de combustible por segundo. Un rasgo esencial fueron las ruedas: de aluminio macizo; los neumáticos de caucho se hubieran hecho pedazos a la velocidad que alcanzó el Thrust 2.

BLUE FLAME
Octubre 1970.
1.014,5 km/h.
*Primero sobre
1.000 km/h;
primer récord
motor
cohete*

SPIRIT OF AMERICA
Octubre 1964.
846,9 km/h. *Primer
récord sobre 800
km/h y 804,5
km/h (un modelo
posterior, sobre
965,4 km/h);
primer récord
a motor a
reacción*

THRUST 2
Octubre 1983.
1.019 km/h

RAILTON
Agosto 1939.
593,6 km/h.
*Récord de más
duración
(1939-1963);
primero sobre
600 km/h
(septiembre
1947)*

THUNDERBOLT
Noviembre
1937. 501,4
km/h. *Coche
más grande a
gasolina; primer
récord sobre
500 km/h*

GOLDENROD
Noviembre 1965.
658,6 km/h. *Primer
coche con tracción a
las 4 ruedas sobre
643,6 km/h*

EL MÁS RÁPIDO

El 15 de octubre de 1997, un equipo inglés dirigido por Richard Noble volvió a batir el récord mundial de velocidad en tierra. Conducido por el piloto de caza Andy Green, el Thrust SSC (coche supersónico) consiguió una velocidad de 1.227,723 km/h. Esto significa que fue el primer vehículo terrestre de la historia en ir más rápido que la velocidad del sonido. Aunque sus dos enormes motores de turbohélice daban al Thrust SSC la potencia de 145 coches de Fórmula 1, su marcha era silenciosa... ¡porque el coche iba más rápido que el ruido de sus motores!

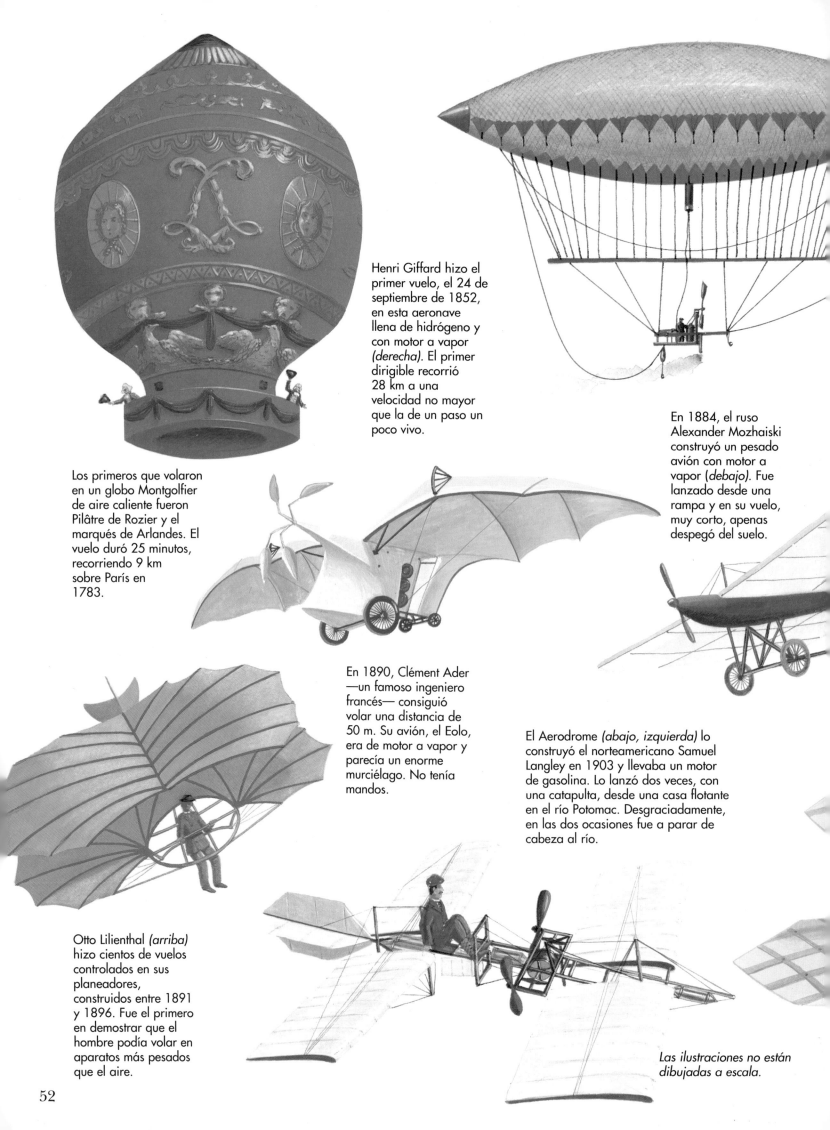

Henri Giffard hizo el primer vuelo, el 24 de septiembre de 1852, en esta aeronave llena de hidrógeno y con motor a vapor *(derecha)*. El primer dirigible recorrió 28 km a una velocidad no mayor que la de un paso un poco vivo.

Los primeros que volaron en un globo Montgolfier de aire caliente fueron Pilâtre de Rozier y el marqués de Arlandes. El vuelo duró 25 minutos, recorriendo 9 km sobre París en 1783.

En 1884, el ruso Alexander Mozhaiski construyó un pesado avión con motor a vapor *(debajo)*. Fue lanzado desde una rampa y en su vuelo, muy corto, apenas despegó del suelo.

En 1890, Clément Ader —un famoso ingeniero francés— consiguió volar una distancia de 50 m. Su avión, el Eolo, era de motor a vapor y parecía un enorme murciélago. No tenía mandos.

El Aerodrome *(abajo, izquierda)* lo construyó el norteamericano Samuel Langley en 1903 y llevaba un motor de gasolina. Lo lanzó dos veces, con una catapulta, desde una casa flotante en el río Potomac. Desgraciadamente, en las dos ocasiones fue a parar de cabeza al río.

Otto Lilienthal *(arriba)* hizo cientos de vuelos controlados en sus planeadores, construidos entre 1891 y 1896. Fue el primero en demostrar que el hombre podía volar en aparatos más pesados que el aire.

Las ilustraciones no están dibujadas a escala.

EL PRIMER APARATO
PARA VOLAR

LOS PRIMEROS APARATOS que lograron volar eran globos llenos de aire caliente. Dos hermanos franceses, Joseph y Etienne Montgolfier, hicieron elevarse un globo de aire caliente el 15 de junio de 1783. Llegó a una altura de unos 1.800 metros. Aquel mismo año hicieron una exhibición de su invento ante los reyes de Francia. Esta vez, el aparato llevaba tres pasajeros: una oveja, un pollo y un pato. Después de un corto vuelo, los animales aterrizaron felizmente. El 21 de noviembre de 1783 dos pasajeros humanos, Jean Pilâtre y el marqués de Arlandes, osaron volar en un globo Montgolfier. Fueron los primeros aviadores de la historia.

El inglés George Cayley diseñó el moderno aeroplano, con alas y cola como los actuales. Sin embargo, ninguno de sus aparatos logró hacer un vuelo largo: a mediados del siglo XIX no se había inventado ningún motor tan ligero como para propulsar una máquina voladora tripulada. Los primeros en ponerle un motor de gasolina a un aeroplano y hacer un vuelo controlado fueron dos hermanos norteamericanos: Wilbur y Orville Wright. Su aparato, el Flyer I, voló por primera vez el 17 de diciembre de 1903.

En 1849 el planeador construido por George Cayley *(derecha)* fue lanzado desde una colina con un niño de 10 años abordo, recorriendo 500 m.

Felix du Temple construyó el primer aeroplano propulsado, un pequeño modelo con el motor de un reloj, en 1857. Un aeroplano con motor a vapor *(derecha)* se puso en funcionamiento 17 años después. Éste fue el primer vuelo tripulado en un aeroplano a motor.

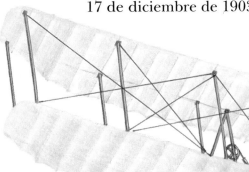

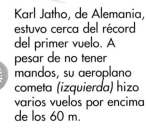

Karl Jatho, de Alemania, estuvo cerca del récord del primer vuelo. A pesar de no tener mandos, su aeroplano cometa *(izquierda)* hizo varios vuelos por encima de los 60 m.

EL PRIMER VUELO DIRIGIDO

El histórico primer vuelo de los hermanos Wright tuvo lugar en unas dunas de arena cerca de Kitty Hawk, Carolina del Norte. Con Orville a los mandos, estuvo en el aire 12 segundos y voló exactamente 36 m, menos que la envergadura de muchos aviones de línea actuales. Los Wright dirigían su aparato cambiando el ángulo de la punta de las alas. Indiscutiblemente, el suyo fue el primer vuelo dirigido y a motor.

LOS PRIMEROS HELICÓPTEROS

DE LA PEONZA VOLANTE AL SIKORSKY

LA FORMA DE VOLAR de los helicópteros ya se conocía hacía muchos siglos. Hacia el año 500 a. C., los chinos inventaron la peonza volante: una hélice pequeña que, al dar vueltas con rapidez el palo en que estaba, salía volando. La hélice «mordía» el aire, produciendo una fuerza ascensional. Era un buen método para juguetes pequeños pero, ¿cómo construir un aparato grande capaz de llevar pasajeros? Hasta que no estuvieron disponibles los ligeros motores de gasolina a principios de la década de 1900 el helicóptero no pudo despegar.

El primer despegue de un helicóptero tripulado lo consiguió, en 1907, el francés Paul Cornu. Sin embargo, ni él ni los otros primeros pilotos de helicóptero podían dirigir sus aparatos. Al avanzar, tendían a girar en dirección contraria a la de las palas de la hélice. La respuesta vino, a la vez, de un diseñador de aviones alemán, Heinrich Focke, y de un ingeniero americano de origen ruso, Igor Sikorski. Poniendo dos rotores que giraban en sentido opuesto, resolvieron el problema.

LA PEONZA VOLANTE

El pintor, ingeniero y científico italiano Leonardo da Vinci estaba fascinado con la idea del vuelo del helicóptero. Su diseño, hecho hacia el año 1500, tenía un rotor en forma de sacacorchos que él creía que saldría volando hacia arriba si se le hacía girar. Para propulsar el aparato, el piloto no tenía más que tirar fuertemente de una cuerda enrollada en la columna central: lo mismo que la peonza volante china. No es sorprendente que su aparato no volase nunca. Sin embargo, Leonardo fue el primero en emplear la palabra helicóptero, derivada de la expresión griega ala espiral.

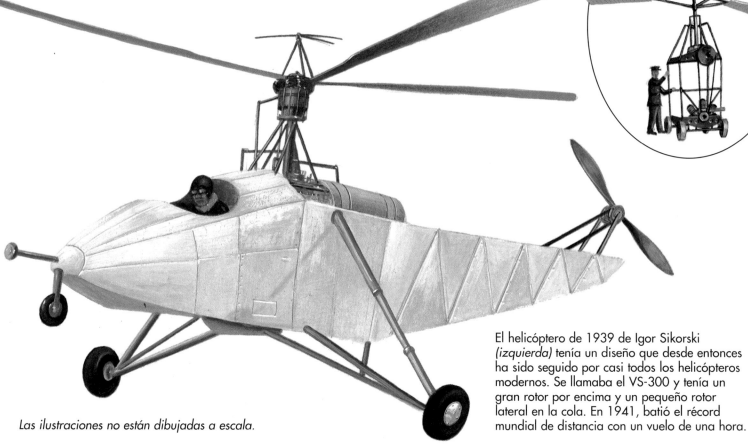

Las ilustraciones no están dibujadas a escala.

El helicóptero de 1939 de Igor Sikorski *(izquierda)* tenía un diseño que desde entonces ha sido seguido por casi todos los helicópteros modernos. Se llamaba el VS-300 y tenía un gran rotor por encima y un pequeño rotor lateral en la cola. En 1941, batió el récord mundial de distancia con un vuelo de una hora.

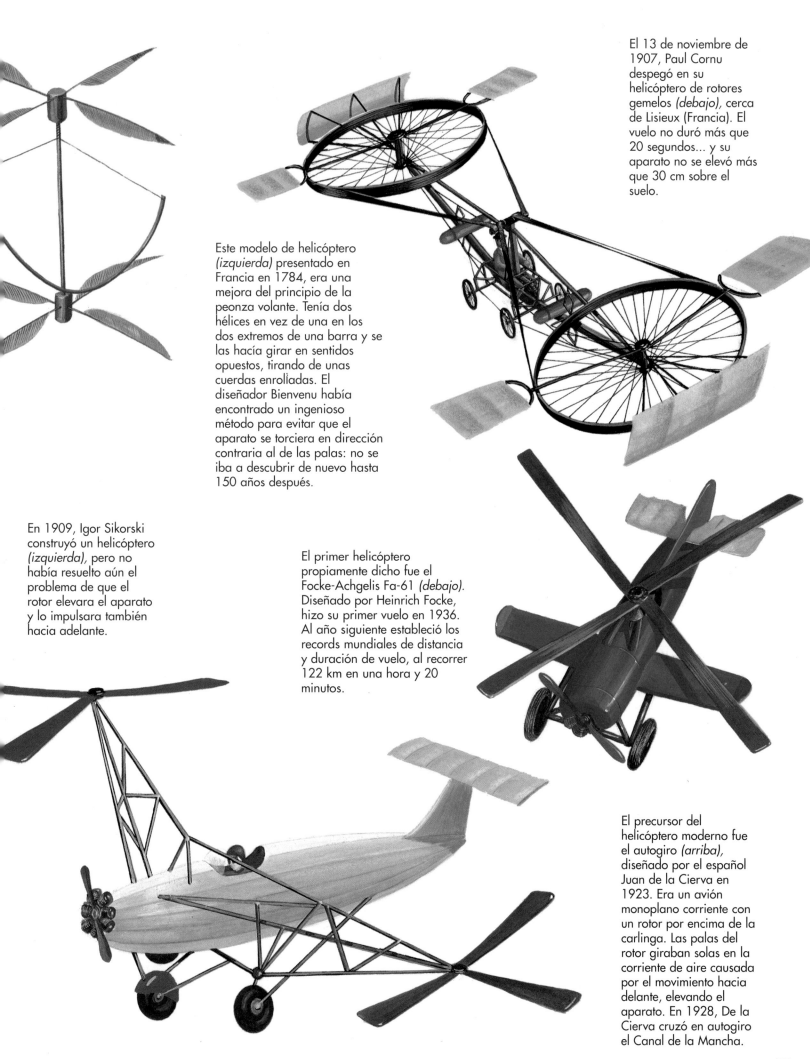

El 13 de noviembre de 1907, Paul Cornu despegó en su helicóptero de rotores gemelos *(debajo)*, cerca de Lisieux (Francia). El vuelo no duró más que 20 segundos... y su aparato no se elevó más que 30 cm sobre el suelo.

Este modelo de helicóptero *(izquierda)* presentado en Francia en 1784, era una mejora del principio de la peonza volante. Tenía dos hélices en vez de una en los dos extremos de una barra y se las hacía girar en sentidos opuestos, tirando de unas cuerdas enrolladas. El diseñador Bienvenu había encontrado un ingenioso método para evitar que el aparato se torciera en dirección contraria al de las palas: no se iba a descubrir de nuevo hasta 150 años después.

En 1909, Igor Sikorski construyó un helicóptero *(izquierda)*, pero no había resuelto aún el problema de que el rotor elevara el aparato y lo impulsara también hacia adelante.

El primer helicóptero propiamente dicho fue el Focke-Achgelis Fa-61 *(debajo)*. Diseñado por Heinrich Focke, hizo su primer vuelo en 1936. Al año siguiente estableció los records mundiales de distancia y duración de vuelo, al recorrer 122 km en una hora y 20 minutos.

El precursor del helicóptero moderno fue el autogiro *(arriba)*, diseñado por el español Juan de la Cierva en 1923. Era un avión monoplano corriente con un rotor por encima de la carlinga. Las palas del rotor giraban solas en la corriente de aire causada por el movimiento hacia delante, elevando el aparato. En 1928, De la Cierva cruzó en autogiro el Canal de la Mancha.

EL VUELO DEL SPIRIT OF SAINT LOUIS

CHARLES LINDBERGH hizo el primer vuelo en solitario a través de Océano Atlántico; pero los primeros en cruzarlo sin escalas fueron dos británicos, el capitán Alcock y el teniente Arthur Whitten Brown, a bordo del bombardero Vickers Vimy, el 14-15 de junio de 1919, desde San Juan de Terranova a County Galway, Irlanda, en 16 horas y 27 minutos.

En 1926, el magnate hotelero neoyorquino Raymond Orteig, ofreció 25.000 dólares a quien hiciera sin escalas el vuelo Nueva York-París. Al año siguiente, Lindbergh, que con 25 años era jefe de pilotos de una línea de correo aéreo, aceptó el reto. Haría el vuelo en solitario pero necesitaba un nuevo avión construido a tal fin. El monoplano que se construyó era capaz de transportar los 1.700 litros de combustible necesarios para el trayecto. A primera hora del 19 de mayo de 1927, el Spirit of Saint Louis, cargado de combustible, casi no pudo despegar del aeródromo Roosevelt, Nueva York; pasó rozando los hilos del telégrafo que había al final de la pista.

La carlinga tenía ventanillas laterales, pero no frontales; en su lugar había

NUEVA YORK

un periscopio. Lindbergh no llevaba radio y navegó calculando la distancia según el tiempo de vuelo y el viento a ojo ¡viendo las olas de abajo! Fue un vuelo lleno de peligros. Lindbergh luchaba contra el sueño y el hielo formado en las alas amenazaba con hundir el aparato. Volando bajo para evitar la niebla, más de una vez estuvo a punto de rozar las olas. Como no estaba seguro de seguir su rumbo, al ver un barco gritó desde la ventanilla: «¿Hacia dónde está Irlanda?». Aún así, 28 horas después se encontró volando sobre la isla Valentia, al sudoeste de Irlanda; sólo se había desviado 5 kilómetros. A las 6 horas aterrizó en el aeropuerto de Le Bourget, en París, y fue recibido como un héroe. El Spirit of Saint Louis cruzó una distancia de 5.819 km sobre el Atlántico en 33 horas y 30 minutos.

El primer vuelo transatlántico en solitario

El famoso viaje de Lindbergh

PARÍS

EL AVIÓN MÁS RÁPIDO
EL LOCKHEED SR-71 BLACKBIRD

EL APARATO A REACCIÓN MÁS RÁPIDO ha sido un avión espía norteamericano, el Lockheed SR-71. Se le llamaba el «Blackbird» (pájaro negro) por su color y aspecto, y estaba diseñado para volar alto y a gran velocidad sobre territorio enemigo fotografiando bases militares. Desde una altura de casi 25 kilómetros, sus potentes cámaras podían tomar una foto muy clara... hasta de la matrícula de un coche.

Su velocidad máxima era de 3.911 km/h: casi tres veces la del sonido. Sus dos motores tenían más potencia que los de un transatlántico grande. El 1 de septiembre de 1974 demostró verdaderamente de lo que era capaz. Hizo el vuelo más rápido de la historia a través del Atlántico, cruzando de Nueva York a Londres en menos de una hora y 55 minutos (cuando el vuelo en un avión comercial tarda unas siete horas).

El Lockheed SR-71 fue retirado del servicio en 1990. Algunos expertos militares creen que la Fuerza Aérea de los EE.UU. puede estar desarrollando un reactor todavía más rápido. Se llamaría Aurora y sería capaz de volar a 30 km de altura... ¡al doble de velocidad que el Blackbird!

El primer aparato que voló más rápido que el sonido fue un aeroplano de propulsión cohete llamado *Glamorous Glennis,* aunque su nombre oficial era X-1. El 14 de octubre de 1947, Chuck Yeager, de la Fuerza Aérea de los EE.UU., voló con él a una velocidad de 1.126 km/h sobre el desierto Mojave de California.

MOTOR A REACCIÓN

MOTOR COHETE

Las ilustraciones son a escala aproximada

58

EL MÁS RÁPIDO

El 3 de octubre de 1967, el norteamericano William Knight voló un avión cohete a una velocidad de 7.274 km/h: casi siete veces la del sonido. Este aparato, el X-15 *(izquierda)*, no despegaba del suelo; iba colgado de un gran avión de transporte. Cuando éste llegó a su altitud máxima, se encendieron los motores cohete del X-15, que salió disparado hacia su récord. Lo mismo que el Blackbird, estaba diseñado para soportar las altas temperaturas de las grandes velocidades: durante el vuelo, su cubierta exterior llegaba a estar 14 veces más caliente que el agua hirviendo (1.400 °C). El X-15 tiene más de un récord. Al contrario de lo que pasa con un motor a reacción, sus motores cohete no necesitaban aire para funcionar, con lo que podía volar mucho más alto que un reactor, hasta un nivel de la atmósfera donde el aire está muy enrarecido.

El revestimiento metálico del Blackbird era tan fino como una lata de conservas y estaba pintado con una pintura negra que reflejaba el calor y podía resistir temperaturas de más de 300 °C: las que se producen a las grandes velocidades. Mientras volaba, el avión aumentaba casi 80 cm de longitud, por la expansión del metal.

REACTORES Y COHETES

En un motor a reacción, el aire entra por delante en un compresor. Éste comprime el aire (lo aprieta en un espacio más pequeño) y lo lleva a la cámara de combustión. Allí se añade combustible pulverizado y se inflama la mezcla. El gas caliente que se produce se expande y sale en chorro por detrás del motor. La corriente de gases, al salir hacia atrás, impulsan el motor, y al avión al que va sujeto, hacia adelante, lo mismo que cuando se deja salir el aire de un globo éste sale también hacia delante. Un cohete puede funcionar en un espacio sin aire. En un cohete de combustible sólido *(izquierda)*, éste arde con rapidez, produciendo una gran cantidad de gases calientes. El gas sale en chorro por detrás del cohete impulsándole hacia delante, lo mismo que un motor de reacción.

El 22 de agosto de 1963, el X-15 alcanzó una altura de 167.960 m, récord de altura para cualquier aparato.

LOS GIGANTES DEL AIRE
APARATOS DE TRANSPORTE, HELICÓPTEROS, AVIONES DE LÍNEA Y DIRIGIBLES

LAS MAYORES MÁQUINAS VOLADORAS fueron los dirigibles, construidos en las décadas de 1920 y 1930. Eran los aviones de línea de su tiempo. Cruzaban el Atlántico, a veces, daban la vuelta al mundo, pero eran lentos: el más rápido sólo iba a 131 km/h. El primero en cruzar el Atlántico fue el británico R-34, en un viaje de 90 horas. Un avión actual sólo necesita unas 7 horas.

El mayor avión es el Antonov An-225 ruso, que voló por primera vez en 1988. Pesa unas 600 veces más que un coche. Se hizo para transportar la lanzadera espacial Buran a su rampa de lanzamiento. Ésta no tuvo éxito por lo que el avión se destinó a otros usos.

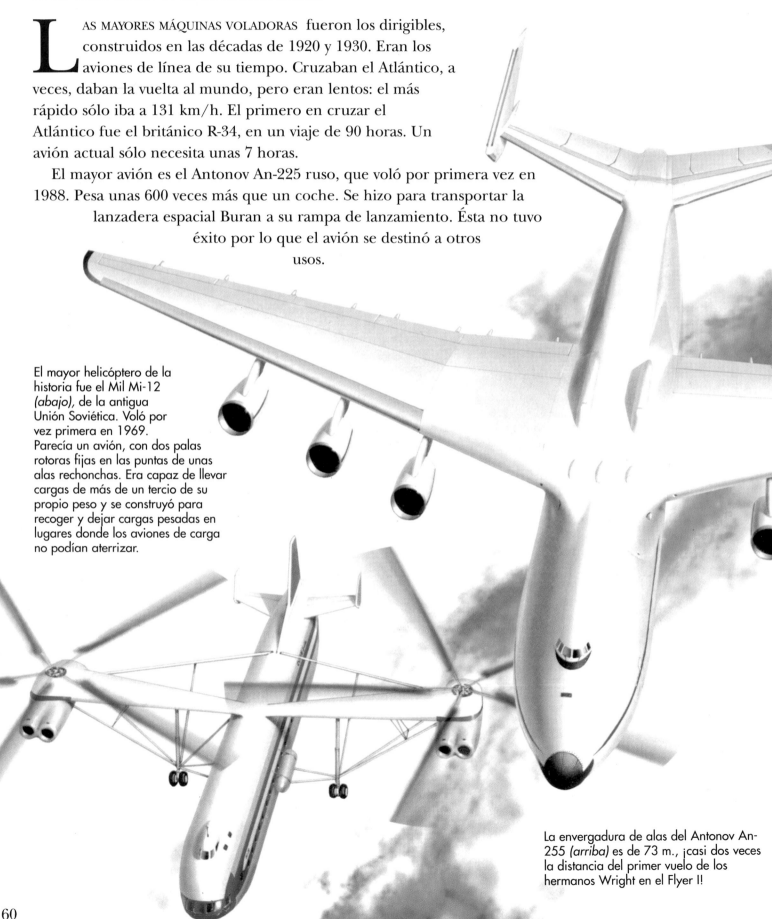

El mayor helicóptero de la historia fue el Mil Mi-12 *(abajo)*, de la antigua Unión Soviética. Voló por vez primera en 1969. Parecía un avión, con dos palas rotoras fijas en las puntas de unas alas rechonchas. Era capaz de llevar cargas de más de un tercio de su propio peso y se construyó para recoger y dejar cargas pesadas en lugares donde los aviones de carga no podían aterrizar.

La envergadura de alas del Antonov An-255 *(arriba)* es de 73 m., ¡casi dos veces la distancia del primer vuelo de los hermanos Wright en el Flyer I!

Un Jumbo Jet tiene 19 m de alto: tanto como un edificio de 6 pisos. Cuenta con una envergadura de alas de 64,6 m, un poco menor que la anchura de un campo de fútbol. Hizo su primer vuelo de pruebas el 9 de febrero de 1969.

EL MAYOR AVIÓN DE LÍNEA

El Boeing 747 o «Jumbo Jet» es el mayor avión de línea del mundo. Transporta más de 500 pasajeros a más de 13.000 km sin aterrizar. En 1988 entró en servicio una versión aún mayor: el 747-400. Este aparato puede transportar hasta 569 pasajeros. El 24 de mayo de 1991 llevó casi el doble; evacuó 1.087 judíos etíopes desde Addis Abeba hasta Israel.

LA MAYOR AERONAVE JAMÁS CONSTRUIDA

MIL MI-12

VIRGIN ATLANTIC FLYER
El mayor globo de aire caliente

BOEING 747-400

ANTONOV AN-225

En los primeros años de la década de 1900 y 50 después de que volara la primera aeronave, los primeros dirigibles, hechos en Alemania, ya surcaban los cielos. Enormes de por sí, se fueron construyendo cada vez más grandes. El colosal Hindenburg fue botado en 1936 y su hermano gemelo el Graf Zeppelin II *(arriba)* en 1938. Tenían más de 245 m de largo y fueron las mayores aeronaves de la historia, aunque no podían transportar más que unos 100 pasajeros. El Hindenburg estalló cuando aterrizaba en Lakehurst, Nueva Jersey, en 1937, causando la muerte a 35 personas.

Las ilustraciones están a escala aproximada

EL COHETE MÁS GRANDE

PARA SALIR AL ESPACIO, un vehículo tiene que superar el tirón gravitatorio de la Tierra. En la práctica, debe alcanzar, por lo menos, 28.500 km/h: diez veces la de una bala de fusil. Estas velocidades sólo pueden conseguirlas unos cohetes enormemente potentes.

Los primeros cohetes los hizo en 1926 un inventor norteamericano, Robert Goddard, y sólo medían un metro de altura. El Vostok, que puso el primer satélite en órbita 30 años después, tenía 35 metros de alto. En 1969, los astronautas del programa Apolo fueron lanzados al espacio, en su viaje a la Luna, por un cohete Saturno V. Éste fue el más grande que jamás se había construido: era tan alto como un rascacielos de 30 pisos y medía 111 metros. El hangar utilizado para alojar el Saturno V era tan enorme que hizo falta un sistema especial de aire acondicionado... para que no se formaran nubes y lloviera dentro.

El Saturno V era 50 veces más potente que un jumbo Boeing 747. El cohete más potente que hay hoy es el ruso Energía. Sus cuatro motores son capaces de poner en órbita una carga equivalente a 24 furgonetas familiares. Su objetivo original era lanzar una lanzadera espacial y, posiblemente, hasta enviar una nave espacial a Marte. Sin embargo, el programa espacial de la antigua Unión Soviética se enfrenta ahora a un futuro incierto.

Las ilustraciones están aproximadamente a escala

EL PIONERO DEL ESPACIO

En enero de 1993, la sonda espacial americana Pioneer 10 (*derecha*) estaba a 8.500 millones de km de la Tierra. Incluso a esa distancia, sus señales de radio se podían recibir con receptores potentes. La Pioneer 10 lleva una placa que dice de dónde procede... por si acaso se topa con vida inteligente en algún otro sistema solar. Es el objeto hecho por el hombre que está más distante; un récord que batirá en su día otra sonda espacial, la Voyager 1, que va a más velocidad.

PIONEER 10

DENTRO DEL SATURNO V

El Saturno V (*derecha*), como todos los vehículos de lanzamiento, está hecho de varios cohetes o fases independientes unidos. El primer cohete está en la base y eleva a los otros en el aire; cuando se le acaba el combustible cae al suelo. Entonces se enciende el segundo cohete. La segunda fase también cae al agotarse. En ese momento, se enciende la tercera fase, que es la que pone a los astronautas en órbita (en el caso de la figura, el módulo de mando Apolo y el módulo lunar).

Módulo de mando

Módulo lunar

Tercera fase

Segunda fase

Primera fase

Depósito de
oxígeno
líquido

Depósito de
queroseno
líquido

La lanzadera espacial
norteamericana
Columbia (izquierda) se
convirtió en la primera
nave espacial
reutilizable cuando hizo
su segundo vuelo en
noviembre de 1981.

El cohete soviético
Vostok (debajo) puso el
primer satélite artificial
en órbita. Se llamaba
Sputnik 1 (debajo,
izquierda) y fue
lanzado el 4 de octubre
de 1957,
permaneciendo 92 días
en órbita.

El primer cohete de la
historia lo lanzó, el 16 de
marzo de 1926, el inventor
norteamericano Robert
Hutchings Goddard
(debajo, izquierda).
Usando como combustible
gases licuados, alcanzó
una altura de 12,5 m.

El primer cohete de largo
alcance con combustible
líquido fue la V-2 alemana
(debajo, derecha),
construida en 1942. Tenía
14 m de largo y un alcance
de 320 km.

SPUTNIK 1

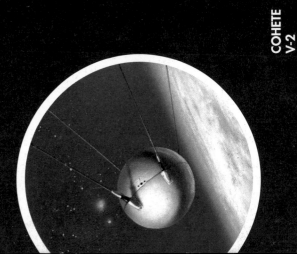

**COHETE
V-2**

**COHETE DE
GODDARD**

LOS PRIMEROS EN LA LUNA
EL VUELO DEL APOLO 11

LA PRIMERA NAVE TRIPULADA que aterrizó sobre otro cuerpo del Sistema Solar fue la Apolo 11, que el 20 de julio de 1969 se posó en la superficie lunar. Horas después, el astronauta norteamericano Neil Armstrong era el primer hombre que pisaba la Luna.

Las distintas partes de la nave que le llevó a él y a sus dos compañeros, Edwin Aldrin y Michael Collins, tenían diferentes funciones. El módulo de mando (MM) iba en el morro y era el centro de control y vivienda de la tripulación. El módulo de servicio (MS) llevaba el motor cohete principal para impulsar la nave. El módulo lunar (ML) constaba de dos partes que se posaron en la Luna, aunque sólo volvió la superior.

Hubo cinco aterrizajes tripulados más, el último en 1972. Los astronautas del programa Apolo recogieron 380 kilos de rocas y suelo en seis lugares distintos. Como el programa costó 25.000 millones de dólares, las piedras lunares salieron... ¡a 66 millones de dólares el kilo!

Contemplados por millones de telespectadores, Armstrong y Aldrin pasaron dos horas y media recogiendo muestras de piedras y suelo lunar. Las huellas de los pies que dejaron seguirán allí durante 10 millones de años.

ALUNIZAJE
Una vez que el Apolo estuvo en órbita alrededor de la Luna, un astronauta se quedó en los módulos de mando y de servicio (MMS), mientras los otros dos pasaron al módulo lunar (ML). Éste se separó de los otros (4) y descendió hasta la Luna (5).

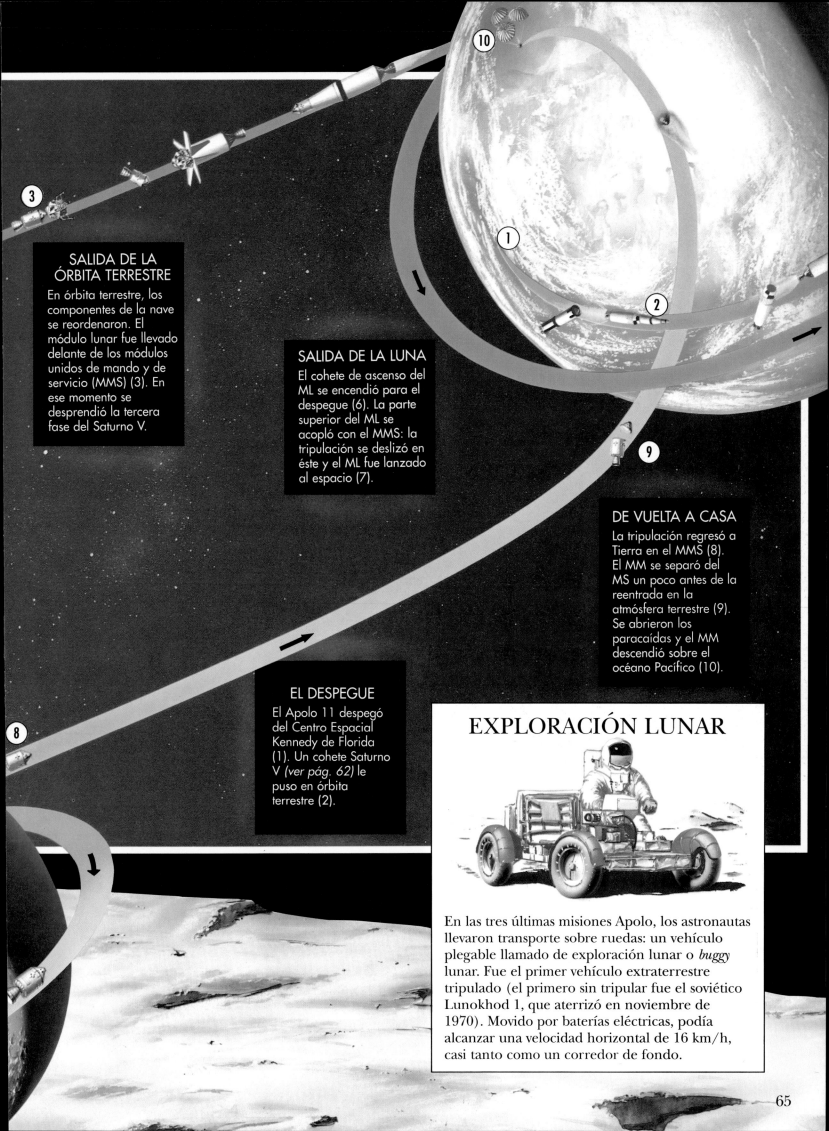

SALIDA DE LA ÓRBITA TERRESTRE

En órbita terrestre, los componentes de la nave se reordenaron. El módulo lunar fue llevado delante de los módulos unidos de mando y de servicio (MMS) (3). En ese momento se desprendió la tercera fase del Saturno V.

SALIDA DE LA LUNA

El cohete de ascenso del ML se encendió para el despegue (6). La parte superior del ML se acopló con el MMS: la tripulación se deslizó en éste y el ML fue lanzado al espacio (7).

DE VUELTA A CASA

La tripulación regresó a Tierra en el MMS (8). El MM se separó del MS un poco antes de la reentrada en la atmósfera terrestre (9). Se abrieron los paracaídas y el MM descendió sobre el océano Pacífico (10).

EL DESPEGUE

El Apolo 11 despegó del Centro Espacial Kennedy de Florida (1). Un cohete Saturno V *(ver pág. 62)* le puso en órbita terrestre (2).

EXPLORACIÓN LUNAR

En las tres últimas misiones Apolo, los astronautas llevaron transporte sobre ruedas: un vehículo plegable llamado de exploración lunar o *buggy* lunar. Fue el primer vehículo extraterrestre tripulado (el primero sin tripular fue el soviético Lunokhod 1, que aterrizó en noviembre de 1970). Movido por baterías eléctricas, podía alcanzar una velocidad horizontal de 16 km/h, casi tanto como un corredor de fondo.

LOS QUE VUELAN MÁS ALTO
RECORDS DE ALTURA

EL RÉCORD DE ALTURA lo tiene la tripulación del Apolo 13, cuya nave espacial estuvo a algo más de 400.000 km de la Tierra el 15 de abril de 1970. Sin embargo, fue un avance importante comparado con el primer vuelo tripulado sólo nueve años antes por Yuri Gagarin, cuya nave Vostok 1 había llegado a una altura de 327 km.

Aparte de las naves espaciales, el campeón de altura en vuelo es el avión cohete norteamericano X-15, famoso también por sus records de velocidad. Podía volar tan alto (más de 100.000 metros) que a su piloto se le podía calificar de astronauta. Los aviones a reacción no llegan a semejante altura porque necesitan aire para que sus motores funcionen. El récord de altura lo ostenta un caza Mig, con 37.650 metros.

LA MAYOR ALTURA EN GLOBO

La consiguió Nicholas Piantanida, en Dakota del Sur, en febrero de 1966 y es de 37.735 m. Desgraciadamente, él no sobrevivió a su hazaña, por lo que su marca no se considera como récord. El récord oficial lo tienen dos oficiales de la Marina de los EE.UU., Malcolm Ross y Víctor Prather, cuyo globo, Lee Lewis Memorial, se elevó a 34.668 m sobre el Golfo de México en 1961.

El récord de altura de todos los tiempos lo tienen los astronautas del Apolo 13. La misión estaba programada para alunizar en la Luna, pero hubo que cancelarla a causa de una explosión. El Apolo 13 siguió en órbita alrededor de la Luna antes de volver a la Tierra.

LUNA 384.400 km

MONTE EVEREST, montaña
más alta, 8.863 m

CLAVE

1 Apolo 13. Vuelo tripulado más lejano, 15 de abril de 1970, 400.187 km
2 Satélite artificial. 36.000 km
3 Lanzadera espacial
4 Vostok 1. Primer vuelo espacial tripulado, 12 de abril de 1961, 327 km
5 X-15. Vuelo más alto de un avión, 22 de agosto de 1963, 107.960 m
6 Mig 25. Vuelo más alto de avión a reacción, 31 de agosto de 1977, 37.650 m
7 Lee Lewis Memorial. Vuelo más alto en globo, 4 de mayo de 1961, 34.668 m
8 Lockheed SR-71 Blackbird, 30.000 m
9 Concorde. 18.000 m
10 Aérospatiale SA 31 5b Lama. Vuelo más alto en helicóptero. 12 de junio de 1972, 12.442 m
11 Boeing 747. 10.000 m

Las ilustraciones no están dibujadas a escala

TELESCOPIO ESPACIAL HUBBLE

E L AIRE A TRAVÉS del cual deben ver los telescopios está contaminado y tiende a moverse. Por eso las estrellas más lejanas se ven borrosas, aún en observatorios situados en la cima de una montaña, lejos de la luz y polución de una ciudad. El telescopio espacial Hubble, el más potente, está por encima de la atmósfera terrestre: orbita a 616 km sobre la Tierra. Como casi todos los telescopios modernos, usa espejos para enfocar la imagen de la estrella o galaxia hacia las que apunta. Hoy se pueden ver claramente estrellas 50 veces menos brillantes y 10 veces más lejanas que las divisadas por el mejor telescopio de suelo. El Hubble es tan potente que detecta la luz de una linterna a 400.000 kilómetros.

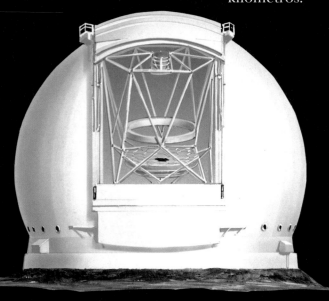

EL TELESCOPIO PANAL

El telescopio Keck situado a 4.200 m, en el pico Mauna Kea de Hawai, es el más grande del mundo. Su espejo reflector, de10 m de diámetro, consiste en 36 hexágonos unidos formando un panal de abejas. Es casi dos veces mayor que el espejo del segundo telescopio del mundo, el Hale, de 508 cm, en el Monte Palomar de California. (El espejo más grande de una pieza es del monte Semirodriki, Rusia.) El telescopio Keck es tan sensible... ¡que captaría una vela a más de 100.000 km!

INTERIOR DEL HUBBLE

El espejo principal (1) refleja la luz de las estrellas y galaxias lejanas sobre un espejo secundario (2). Éste enfoca la luz a través de un tubo de central (3) y la envía a los instrumentos ópticos (4). Usando la antena (5) se puede transmitir una imagen de televisión a la Tierra. Para cambiar la orientación del telescopio se emplean unos ordenadores. Los paneles solares (6) transforman la luz del Sol en energía eléctrica para el telescopio.

EL PRIMER MIRÓN DE LAS ESTRELLAS

En 1609, el científico italiano Galileo Galilei se convirtió en la primera persona en observar el cielo a través de un telescopio. Vio que la Luna tenía montañas y cráteres. Más tarde descubrió que el planeta Júpiter tenía varias lunas que giraban en torno a él, y estrellas nuevas jamás vistas anteriormente.

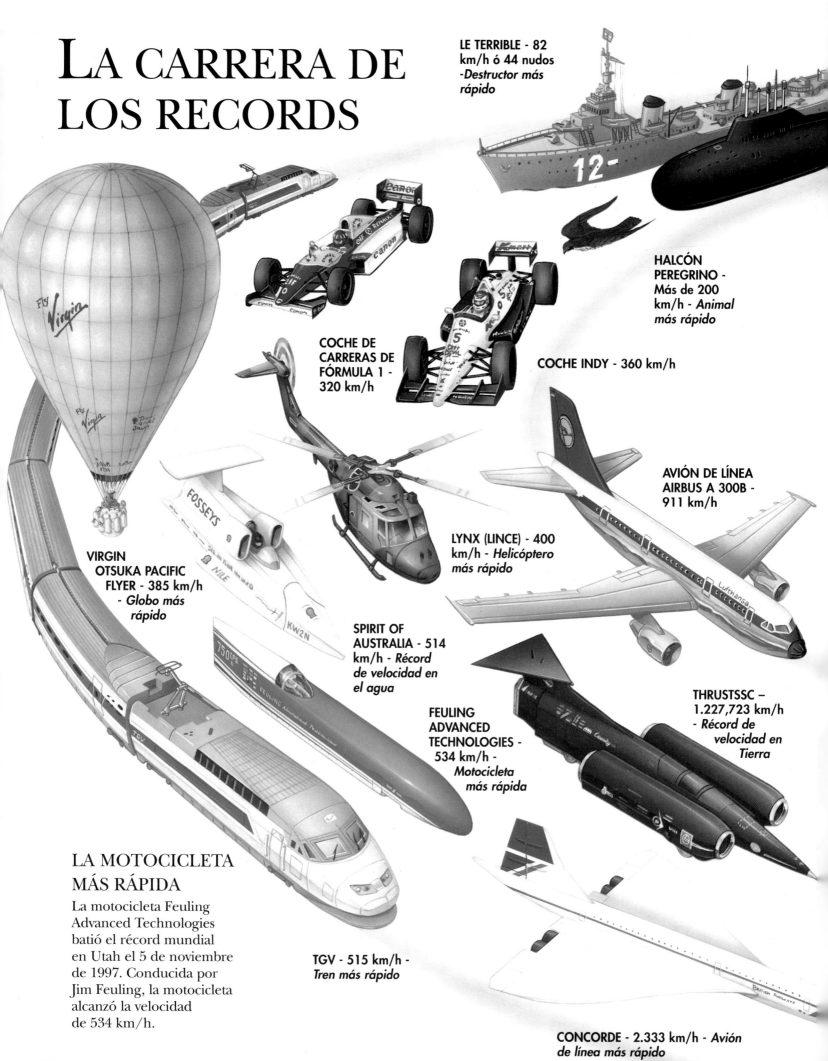

LA CARRERA DE LOS RECORDS

LE TERRIBLE - 82 km/h ó 44 nudos -*Destructor más rápido*

HALCÓN PEREGRINO - Más de 200 km/h - *Animal más rápido*

COCHE DE CARRERAS DE FÓRMULA 1 - 320 km/h

COCHE INDY - 360 km/h

VIRGIN OTSUKA PACIFIC FLYER - 385 km/h - *Globo más rápido*

LYNX (LINCE) - 400 km/h - *Helicóptero más rápido*

AVIÓN DE LÍNEA AIRBUS A 300B - 911 km/h

SPIRIT OF AUSTRALIA - 514 km/h - *Récord de velocidad en el agua*

THRUSTSSC – 1.227,723 km/h - *Récord de velocidad en Tierra*

FEULING ADVANCED TECHNOLOGIES - 534 km/h - *Motocicleta más rápida*

LA MOTOCICLETA MÁS RÁPIDA

La motocicleta Feuling Advanced Technologies batió el récord mundial en Utah el 5 de noviembre de 1997. Conducida por Jim Feuling, la motocicleta alcanzó la velocidad de 534 km/h.

TGV - 515 km/h - *Tren más rápido*

CONCORDE - 2.333 km/h - *Avión de línea más rápido*

BICICLETA DE CARRERAS - 72 km/h

SUBMARINO CLASE ALFA - 82 km/h = 44 nudos - *Submarino más rápido*

CABALLO DE CARRERAS - 69 km/h

UNITED STATES - 66 km/h = 36 nudos - *Transatlántico más rápido*

VELERO DE REGATA CLASE «J» - 56 km/h = 30 nudos

TERMÓPILAS - 39 km/h. *Uno de los clíper más rápidos*

LAS MAYORES VELOCIDADES conseguidas por máquinas hechas por el hombre se han logrado todas en el espacio, donde no hay aire que pueda frenar a un objeto. Hasta un satélite da vueltas a la Tierra al doble de la velocidad del avión más rápido. El récord de velocidad de todos los tiempos lo tiene una sonda espacial no tripulada, la Helios, enviada al Sol, con 252.800 km/h. Una nave espacial moviéndose a esa velocidad iría de la Tierra a la Luna en hora y media. El récord de la mayor velocidad a la que ha viajado el ser humano lo tiene la tripulación del Apolo 10: los astronautas americanos Thomas Stafford, Eugene Cernan y John Young, cuando su módulo de mando volvía de la Luna el 26 de mayo de 1969.

Hace ciento cincuenta años, unos grandes buques de vela llamados clípers competían unos con otros para ser los más rápidos en alta mar. Cargados de té y con el solo impulso del viento, los clípers navegaban a todo trapo sin escalas desde China a Europa, más de la mitad de la vuelta al mundo, en unos 100 días. Pero, aparte de algunas naves acuáticas diseñadas especialmente para batir records, los campeones de velocidad por mar se quedan muy atrás cuando se compara su velocidad con otras. Un clíper nunca fue más deprisa que un velocista humano y un caballo de carreras dejaría atrás con facilidad tanto a un yate de competición moderno como al transatlántico más rápido (el United States). Sólo los buques de guerra y submarinos más rápidos pueden superar a un corredor ciclista, pero cualquier clase de coche puede dejar atrás cómodamente a todos ellos.

Las ilustraciones no están dibujadas a escala

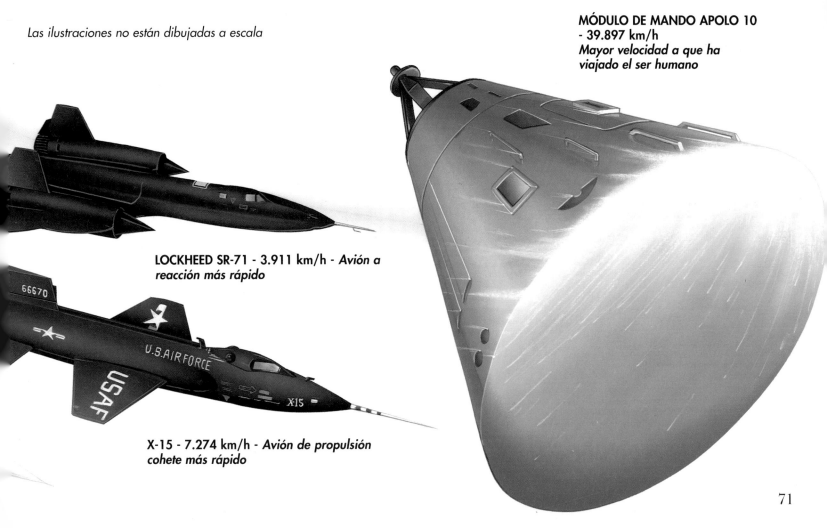

MÓDULO DE MANDO APOLO 10 - 39.897 km/h
Mayor velocidad a que ha viajado el ser humano

LOCKHEED SR-71 - 3.911 km/h - *Avión a reacción más rápido*

X-15 - 7.274 km/h - *Avión de propulsión cohete más rápido*

ÍNDICE